Backen macht glücklich!

Und das vor allem, wenn es mit Hilfe des Thermomixes so einfach von der Hand geht. Teige und Cremes sind auf Knopfdruck im Mixtopf zubereitet. Freue dich auf süßes Kleingebäck, Kuchen, Torten sowie Herzhaftes zum Teilen oder alleine genießen.

Inhalt

3

Points® Wert
pro Person / Glas / Stück

Nährwertangaben

kcal .... Kilokalorien
EW .... Eiweiß
KH .... Kohlenhydrate
F .... Fett
BST .... Ballaststoffe

Points tracken

Wir haben jedem Rezept einen QR-Code für schnelles, nahtloses Tracking in der WW App hinzugefügt. Mehr Infos findest du auf der inneren Umschlagseite.

- vegetarisch
- vegan
- glutenfrei
- laktosefrei
- nussfrei

Erlebe das WW Programm!

„Das Leben ist kompliziert – Abnehmen sollte es nicht sein."

WeightWatchers hilft dir abzunehmen – und dein neues Gewicht zu halten. Und das, während du isst, was dir schmeckt, und so lebst, wie du möchtest.

Mit den neuesten Erkenntnissen der Wissenschaft, einer unglaublich hilfsbereiten Community und Premium-inhalten, die du nur bei uns findest, hilft unser Programm dir, deine Ziele zu erreichen.

Wir berücksichtigen nicht nur die Kalorien, sondern die gesamten, komplexen Nährwertangaben eines Lebensmittels, um dessen Punktwert zu bestimmen. In unseren Algorithmus fließen noch mehr Nährwertfaktoren ein, um dich zu Lebensmitteln mit einem höheren Gehalt an Ballaststoffen, Proteinen und ungesättigten Fettsäuren sowie zu Lebensmitteln mit einem geringeren Gehalt an Zucker und gesättigten Fettsäuren zu führen.

„Die Möglichkeit, das zu essen, was man liebt, ist einer der Gründe, warum dieses Programm so alltagstauglich ist!"

SINA PETERS, DIPLOM OECOTROPHOLOGIN UND WW EXPERTIN FÜR PROGRAMM UND WISSENSCHAFT

Neugierig geworden?

Erfahre auf ww.com mehr über das WeightWatchers Programm und entdecke aktuelle Angebote.

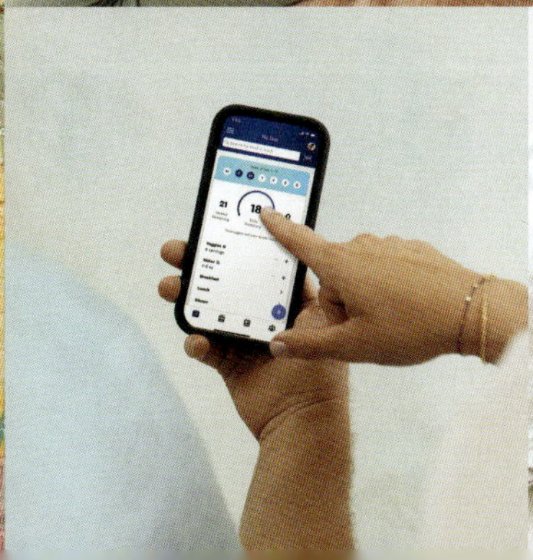

Süßes Kleingebäck

Haselnuss-Karamell-Brownies

Zubereitungszeit **20 Min.**
Backzeit **25 Min.**
Für **10 Stücke**

6

2 Eier (Größe M)
60 g Zucker
1 Vanilleschote
100 g Halbfettmargarine
100 g Mehl
1 EL Kakaopulver
1 TL Backpulver
1/2 TL Meersalz
60 g Nuss-Nougat-Creme
1 TL Zitronensaft
2 EL fettreduzierte Kokosmilch

1. Backofen auf 180° C (Gas: Stufe 2, Umluft: 160° C) vorheizen. Rühraufsatz in den Mixtopf einsetzen. Eier trennen, Eiklar in den Mixtopf geben, mit 10 g Zucker **2 Min./Stufe 4** steif schlagen und umfüllen. Rühraufsatz entfernen. Vanilleschote längs aufschneiden und das Mark herauskratzen.

2. Eigelbe, 80 g Margarine, 30 g Zucker und Vanillemark in den Mixtopf geben und **1 Min./Stufe 4** verrühren. Mehl, Kakaopulver, Backpulver, 1 Prise Salz und 30 g Nuss-Nougat-Creme dazugeben, **10 Sek./Stufe 4** verrühren, mit dem Spatel nach unten schieben und erneut **10 Sek./Stufe 4** verrühren. Eischnee zufügen und **10 Sek./Stufe 3** unterrühren. Teig in eine mit Backpapier ausgelegte Auflaufform (ca. 20 x 10 cm) füllen, glatt verstreichen und im Backofen auf mittlerer Schiene 20–25 Minuten backen.

3. Mixtopf ausspülen. 20 g Zucker, restliche Margarine, Zitronensaft, Kokosmilch, restliche Nuss-Nougat-Creme und restliches Salz in den Mixtopf geben, Spritzschutz auf den Mixtopfdeckel setzen und **6 Min./Varoma/Stufe 2** einkochen. Salzkaramell sofort auf dem Brownie verteilen und Mixtopf ausspülen. Haselnuss-Karamell-Brownies abkühlen lassen, in Stücke schneiden und servieren.

Pro Portion: 155 kcal, 3 g EW, 17 g KH, 8 g F, 1 g BST

Macarons mit Erdbeer-Ricotta-Creme

Zubereitungszeit **25 Min.**
Backzeit **20 Min.**
Kühlzeit **30 Min.**
Für **15 Stück**

3

50 g Mandeln
110 g Zucker
2 Eiklar (Größe M)
1 Prise Salz
10 g gefriergetrocknete Erdbeeren
1/2 unbehandelte Limette
2 EL Frischkäse, bis 5 % Fett absolut
2 EL Ricotta

1. Mandeln in den Mixtopf geben, **8 Sek./Stufe 10** mahlen und umfüllen. Mixtopf ausspülen. Zucker in den Mixtopf geben, **8 Sek./Stufe 10** pulverisieren und mit dem Spatel nach unten schieben. 1 EL Puderzucker herausnehmen und beiseitestellen.

2. Rühraufsatz in den Mixtopf einsetzen. Eiklar und Salz dazugeben und **4 Min./Stufe 4** steif schlagen. Rühraufsatz entfernen. Mandeln in den Mixtopf sieben und mit dem Spatel unterheben. Mischung in einen Spritzbeutel mit Lochtülle füllen und auf ein mit Backpapier ausgelegtes Backblech 30 Kreise (Ø ca. 2 cm) aufspritzen. Macarons ca. 20 Minuten ruhen lassen. Mixtopf ausspülen.

3. Backofen auf 120° C Umluft (Ober-/Unterhitze nicht empfehlenswert) vorheizen. Macarons im Backofen auf mittlerer Schiene 15–20 Minuten backen und ca. 30 Minuten abkühlen lassen.

4. Erdbeeren in den Mixtopf geben und **10 Sek./Stufe 10** mahlen. 1/2 TL Limettenschale abreiben und Limettenhälfte auspressen. Für die Creme Frischkäse mit Ricotta, Limettenschale, 1 EL Limettensaft, gemahlenen Erdbeeren und restlichem Puderzucker verrühren und kalt stellen. Creme in einen Spritzbeutel mit Lochtülle füllen, auf die Unterseite von 15 Macarons spritzen und restliche Macarons aufsetzen. Enjoy!

Pro Portion: 63 kcal, 2 g EW, 8 g KH, 2 g F, 1 g BST

Apfel-Nuss-Crumble

Zubereitungszeit **15 Min.**
Backzeit **25 Min.**
Für **6 Personen**

7

25 g Haselnüsse
25 g Mandeln
25 g Erdnüsse
50 g vegane Halbfettmargarine
40 g Zucker
80 g Mehl
1 Prise Salz
2 süßliche Äpfel (z. B. Gala)
1 Päckchen Vanillezucker
1 TL Zimt
1 Msp. Kardamom

1. Backofen auf 180° C (Gas: Stufe 2, Umluft: 160° C) vorheizen. Haselnüsse, Mandeln und Erdnüsse in den Mixtopf geben und **8 Sek./Stufe 8** zerkleinern. Margarine, Zucker, Mehl und Salz zugeben, **10 Sek./Stufe 6** zu Streuseln vermischen und umfüllen.

2. Äpfel waschen, vierteln, entkernen und mit Vanillezucker, Zimt und Kardamom in den Mixtopf geben. Äpfel mithilfe des Spatels **4 Sek./Stufe 4** zerkleinern und auf 6 kleine ofenfeste Förmchen verteilen. Streusel darüberstreuen und im Backofen auf mittlerer Schiene 20–25 Minuten backen. Apfel-Nuss-Crumble servieren.

Pro Portion: 219 kcal, 4 g EW, 26 g KH, 10 g F, 3 g BST

Gleichmäßig zerkleinert

Beim Zerkleinern führst du den Spatel durch die Deckelöffnung, damit die Apfelstücke beim Mix-Vorgang zurück zum Messer prallen. Den Spatel solltest du dabei festhalten.

Dinkel-Macadamia-Kekse

Zubereitungszeit **10 Min.**
Backzeit **15 Min.**
Für **12 Stück**

4

120 g Dinkelkörner
25 g geröstete, gesalzene Macadamianüsse
75 g Halbfettmargarine
1 Ei (Größe M)
40 g brauner Zucker
1/2 TL Backpulver
1 Msp. Salz
25 g weiße Schokolade

1. Backofen auf 180° C (Gas: Stufe 2, Umluft: 160° C) vorheizen. Dinkelkörner in den Mixtopf geben, **45 Sek./Stufe 10** mahlen und umfüllen. Macadamianüsse in den Mixtopf geben, **3 Sek./Stufe 5** zerkleinern und umfüllen.

2. Margarine, Ei und Zucker in den Mixtopf geben und **20 Sek./Stufe 5** verrühren. Mischung mit dem Spatel nach unten schieben, Dinkelmehl, Backpulver und Salz dazugeben und **10 Sek./Stufe 6** verrühren. Nüsse zufügen und **3 Sek./Stufe 4** unterrühren.

3. Aus dem Teig mithilfe eines Teelöffels 12 Kleckse auf ein mit Backpapier ausgelegtes Backblech setzen, flach verstreichen und im Backofen auf mittlerer Schiene 13–15 Minuten backen. Kekse abkühlen lassen. Schokolade über einem warmen Wasserbad schmelzen und Kekse mit Schokolade in Fäden garnieren.

Pro Portion: 106 kcal, 2 g EW, 12 g KH, 5 g F, 1 g BST

Schokolade schmelzen

Kleinere Mengen Schokolade solltest du besser über einem Wasserbad schmelzen. Ansonsten könnte die Schokolade im Mixtopf anbrennen und es bleibt beim Auskratzen zu viel im Messer hängen.

Zucchini-Pistazien-Muffins

Zubereitungszeit **20 Min.**
Backzeit **30 Min.**
Kühlzeit **30 Min.**
Für **8 Stück**

6

1 große Zucchini
1/2 unbehandelte Limette
50 g Pistazien
200 g Magermilchjoghurt
70 g Agavendicksaft
1 Ei (Größe M)
50 g Halbfettmargarine
140 g Dinkelvollkornmehl
1 TL Backpulver
1/2 TL Natron
1 Prise Salz
2 TL Puderzucker

1. Backofen auf 180° C (Gas: Stufe 2, Umluft: 160° C) vorheizen. Zucchini waschen, in Stücke schneiden, in den Mixtopf geben, **3 Sek./Stufe 5** zerkleinern, mit dem Spatel nach unten schieben und erneut **3 Sek./Stufe 5** zerkleinern. Zucchini in ein Küchentuch geben und überschüssige Flüssigkeit ausdrücken. Mixtopf ausspülen. Limettenschale abreiben und Limettenhälfte auspressen.

2. Pistazien in den Mixtopf geben und **4 Sek./Stufe 6** zerkleinern. 20 g Pistazien herausnehmen und beiseitestellen. 100 g Joghurt, Agavendicksaft, Ei, Margarine, Limettensaft und die Hälfte der Limettenschale in den Mixtopf geben und **20 Sek./Stufe 4** verrühren. Mischung mit dem Spatel nach unten schieben, Mehl, Backpulver, Natron und Salz dazugeben und **20 Sek./Stufe 4** verrühren. Zucchini dazugeben und **10 Sek./Stufe 4** verrühren.

3. Teig auf 8 Silikon-Muffinformen verteilen, im Backofen auf mittlerer Schiene 25–30 Minuten backen und ca. 30 Minuten abkühlen lassen. Für das Topping restlichen Joghurt mit Puderzucker und restlicher Limettenschale verrühren, Muffins damit garnieren und mit restlichen Pistazien bestreuen. Zucchini-Pistazien-Muffins servieren.

Pro Portion: 178 kcal, 6 g EW, 21 g KH, 7 g F, 3 g BST

Titelrezept

Blondies mit Kirschen

Zubereitungszeit **15 Min.**
Garzeit **30 Min.**
Für **8 Stücke**

3

30 g weiße Schokolade
1 Dose weiße Bohnen (255 g Abtropfgewicht)
1 Ei (Größe M)
2 Päckchen Vanillezucker
2 TL Puderzucker
5 Tropfen Butter-Vanille-Aroma
1 Prise Salz
30 g Mehl
1 TL Backpulver
340 g Sauerkirschen (Konserve ohne Zucker)
1 EL Speisestärke

1. Backofen auf 180° C (Gas: Stufe 2, Umluft: 160° C) vorheizen. Schokolade über einem warmen Wasserbad schmelzen. Bohnen abspülen, abtropfen lassen, mit Ei, Vanillezucker, 1 TL Puderzucker, Butter-Vanille-Aroma und Salz in den Mixtopf geben, **20 Sek./Stufe 7** pürieren und mit dem Spatel nach unten schieben.

2. Mehl, Backpulver und Schokolade dazugeben und **15 Sek./ Stufe 4** verrühren. Kirschen abtropfen lassen, dabei 100 ml Saft auffangen. Teig in eine mit Backpapier ausgelegte Auflaufform (ca. 16 x 20 cm) füllen und Kirschen in den Teig drücken. Blondies im Backofen auf mittlerer Schiene 25–30 Minuten backen.

3. Mixtopf ausspülen. Kirschsaft und Stärke in den Mixtopf geben und **5 Min./100° C/Stufe 1** aufkochen. Blondies mit Kirschsauce beträufeln, abkühlen lassen, mit restlichem Puderzucker bestäuben, in Stücke schneiden und servieren.

Pro Portion: 118 kcal, 4 g EW, 17 g KH, 3 g F, 3 g BST

Einfach selbstgemacht

Vanillezucker kannst du kinderleicht selbstmachen. Dazu einfach 1 Vanilleschote in Stücke schneiden, mit 200 g Zucker in ein Glas geben und ca. 2 Tage darin ziehen lassen. Vanilleschote und Zucker in den Mixtopf geben, 30 Sek./Stufe 10 pulverisieren und in ein verschließbares Glas umfüllen.

Franzbrötchen mit Marzipan

Zubereitungszeit **20 Min.**
Backzeit **20 Min.**
Gehzeit **60 Min.**
Für **12 Stück**

5

310 g Mehl
25 g Zucker
130 g entrahmte Milch
1/2 Würfel Hefe
60 g Halbfettmargarine
1 Prise Salz
70 g Marzipan
1 Päckchen Vanillezucker
1 TL Zimt
5 Tropfen Bitter-Mandel-Aroma

1. 300 g Mehl, Zucker, 125 g Milch, Hefe, 30 g Margarine und Salz in den Mixtopf geben und **2 Min./Teigknetstufe** kneten. Teig in eine Schüssel geben und abgedeckt ca. 50 Minuten gehen lassen.

2. Für die Füllung Marzipan in Stücke teilen, mit Vanillezucker, Zimt und Bitter-Mandel-Aroma in den Mixtopf geben und **6 Sek./Stufe 5** zerkleinern. Restliche Margarine dazugeben und **6 Sek./Stufe 4** vermischen. Backofen auf 200° C (Gas: Stufe 3, Umluft: 180° C) vorheizen.

3. Arbeitsfläche mit restlichem Mehl bestäuben, Teig darauf rechteckig (ca. 20 x 30 cm) ausrollen und mit Füllung bestreichen. Teig von der langen Seite her aufrollen und trapezförmig in 12 Stücke schneiden. Stücke mithilfe eines Kochlöffelstiels längs tief eindrücken, sodass sich die inneren Schichten nach oben drücken.

4. Franzbrötchen mit etwas Abstand auf ein mit Backpapier ausgelegtes Backblech legen und weitere ca. 10 Minuten gehen lassen. Brötchen mit restlicher Milch bestreichen und im Backofen auf mittlerer Schiene 15–20 Minuten backen. Franzbrötchen genießen.

Pro Portion: 152 kcal, 4 g EW, 24 g KH, 4 g F, 2 g BST

Schoko-Orangen-Pfannkuchen aus dem Ofen

Zubereitungszeit **10 Min.**
Backzeit **25 Min.**
Für **8 Stücke**

5

1/2 unbehandelte Orange
3 Eier (Größe M)
400 g entrahmte Milch
30 g Zucker
1 Prise Salz
200 g Mehl
1 TL Backpulver
1 TL Kakaopulver
2 EL Zartbitter-Schokodrops

1. 1/2 TL Orangenschale abreiben und Orangenhälfte auspressen. Eier, Milch, Zucker, Orangenschale, -saft und Salz in den Mixtopf geben und **20 Sek./Stufe 4** verrühren.

2. Mehl, Backpulver und Kakaopulver dazugeben und **20 Sek./Stufe 4** verrühren. Teig im Mixtopf ca. 15 Minuten quellen lassen. Backofen auf 180° C (Gas: Stufe 2, Umluft: 160° C) vorheizen.

3. Schokodrops mit dem Spatel unter den Teig rühren und in ein mit Backpapier ausgelegtes Backblech (ca. 25 x 35 cm) mit hohem Rand gießen. Pfannkuchen im Backofen auf mittlerer Schiene ca. 25 Minuten backen, kurz abkühlen lassen, in Stücke schneiden und genießen.

Pro Portion: 181 kcal, 8 g EW, 27 g KH, 4 g F, 2 g BST

Gut gespart

Durch das Backen im Ofen benötigst du kein Öl zum Anbraten des Pfannkuchens und sparst dir die Zeit am Herd.

Birnen-Walnuss-Schnitten

Zubereitungszeit **15 Min.**
Backzeit **35 Min.**
Für **12 Stücke**

3

70 g getrocknete Datteln
35 g Walnüsse
70 g kernige Haferflocken
250 g ungesüßter Mandeldrink
1 TL Vanilleextrakt
1 EL Ahornsirup
1 Ei (Größe M)
1 TL Zimt
1 Dose Birnenhälften ohne Zucker (230 g Abtropfgewicht)
150 g Mehl
1 TL Backpulver

1. Datteln in den Mixtopf geben und **6 Sek./Stufe 8** zerkleinern. 25 g Walnüsse und Haferflocken zufügen und **3 Sek./Stufe 6** zerkleinern. Mandeldrink, Vanilleextrakt, Ahornsirup, Ei und Zimt dazugeben und **10 Sek./Stufe 4** verrühren.

2. Birnen abgießen, in Spalten schneiden, in eine Schüssel geben, Dattel-Nuss-Mischung dazugeben, vermischen und ca. 15 Minuten ziehen lassen. Restliche Walnüsse hacken. Backofen auf 180° C (Gas: Stufe 2, Umluft: 160° C) vorheizen.

3. Mehl mit Backpulver vermischen und nach und nach unter die Birnenmischung heben. Teig in eine mit Backpapier ausgelegte Auflaufform (ca. 20 x 30 cm) füllen, mit gehackten Walnüssen bestreuen, im Backofen auf mittlerer Schiene 30–35 Minuten backen, kurz abkühlen lassen und in Stücke schneiden. Birnen-Walnuss-Schnitten servieren.

Pro Portion: 125 kcal, 3 g EW, 19 g KH, 3 g F, 2 g BST

Fruchtig anders

Statt der Birnen kannst du auch ein Lieblingsobst (TK oder Konserve) verwenden.

Pudding-Tartelettes mit Erdbeeren

Zubereitungszeit **25 Min.**
Garzeit **15 Min.**
Kühlzeit **60 Min.**
Für **8 Stück**

7

275 g Mehl
80 g Halbfettmargarine
1 EL Zucker
4 EL kaltes Wasser
2 Prisen Salz
400 g entrahmte Milch
1 Ei (Größe M)
15 g Speisestärke
2 Päckchen Vanillezucker
1 TL gemahlene Tonkabohne
200 g Erdbeeren

1. 270 g Mehl, Margarine, Zucker, Wasser und 1 Prise Salz in den Mixtopf geben und **1 Min./Stufe 5** verkneten. Teig zu einer Kugel formen, in Frischhaltefolie wickeln und ca. 30 Minuten kalt stellen. Backofen auf 180° C (Gas: Stufe 2, Umluft: 160° C) vorheizen.

2. Arbeitsfläche mit restlichem Mehl bestäuben, Teig darauf in 8 Stücke teilen, rund ausrollen und 8 Tarteletteformen (Ø 10 cm) damit auskleiden. Teig mehrfach mit einer Gabel einstechen und im Backofen auf mittlerer Schiene ca. 15 Minuten backen.

3. Mixtopf ausspülen. Milch, Ei, Stärke, Vanillezucker, Tonkabohne und restliches Salz in den Mixtopf geben und **7 Min./90° C/Linkslauf/Stufe 3** aufkochen. Erdbeeren waschen, trocken tupfen und in Scheiben schneiden. Pudding kurz abkühlen lassen, auf die Tartelettes geben und ca. 30 Minuten abkühlen lassen. Pudding-Tartelettes mit Erdbeeren belegen und servieren.

Pro Portion: 219 kcal, 7 g EW, 35 g KH, 6 g F, 2 g BST

Schokoküchlein aus dem Varoma

Zubereitungszeit **10 Min.**
Garzeit **25 Min.**
Kühlzeit **10 Min.**
Für **6 Stück**

9

80 g Zartbitter-Schokolade
75 g Halbfettmargarine
3 Eier (Größe M)
35 g Zucker
1 Päckchen Vanillezucker
1 Prise Salz
1 1/2 TL Kakaopulver
60 g Mehl
1/2 TL Backpulver
500 g Wasser

1. 40 g Schokolade in 6 Stücke schneiden und beiseitestellen. Restliche Schokolade in den Mixtopf geben und **8 Sek./Stufe 6** zerkleinern. Margarine dazugeben und **3 Min./55° C/Stufe 1** schmelzen. Eier, Zucker, Vanillezucker, Salz, 1 TL Kakaopulver, Mehl und Backpulver dazugeben und **20 Sek./Stufe 4** verrühren.

2. Teig auf 6 (Varoma-)Förmchen verteilen, restliche Schokostücke in den Teig drücken und Förmchen in den Varoma-Behälter stellen. Wasser in den Mixtopf geben, Varoma-Behälter aufsetzen und **23 Min./Varoma/Stufe 1** garen. Varoma absetzen, Schokoküchlein ca. 10 Minuten abkühlen lassen, mit restlichem Kakaopulver bestäuben und genießen.

Pro Portion: 232 kcal, 6 g EW, 21 g KH, 14 g F, 2 g BST

So klappt's auch

Statt der Varoma-Förmchen kannst du auch andere runde Förmchen verwenden, die in deinen Varoma-Behälter passen.

Earl Grey Scones mit Heidelbeerkompott

Zubereitungszeit **20 Min.**
Garzeit **15 Min.**
Gehzeit **45 Min.**
Für **12 Stück**

5

150 ml entrahmte Milch
3 Beutel Earl Grey Tee
390 g Mehl
1 Päckchen Backpulver
45 g Zucker
55 g Halbfettmargarine
2 Eier (Größe M)
1/2 TL unbehandelte Zitronenschale
250 g Heidelbeeren
1 TL Vanilleextrakt
1 EL Speisestärke
1 EL Wasser
120 g Magermilchjoghurt

1. Milch in einem Topf auf mittlerer bis hoher Stufe aufkochen, vom Herd nehmen, Teebeutel hineingeben, ca. 15 Minuten ziehen lassen und Milch abkühlen lassen.

2. 380 g Mehl, Backpulver, Zucker und Margarine in den Mixtopf geben, **20 Sek./Stufe 6** vermischen und mit dem Spatel nach unten schieben. Eier und Zitronenschale unter die Milch rühren, in den Mixtopf geben und **1 Min./Teigknetstufe** kneten. Arbeitsfläche mit restlichem Mehl bestäuben, Teig darauf vorsichtig durchkneten und ca. 3 cm dick ausrollen. 12 Kreise (Ø 6 cm) ausstechen und auf ein mit Backpapier ausgelegtes Backblech geben. Teig abgedeckt ca. 45 Minuten gehen lassen. Mixtopf ausspülen.

3. Backofen auf 220° C (Gas: Stufe 4, Umluft: 200° C) vorheizen. Scones im Backofen auf mittlerer Schiene ca. 15 Minuten backen. Heidelbeeren waschen, mit Vanilleextrakt, Stärke und Wasser in den Mixtopf geben und **7 Min./100° C/Linkslauf/Stufe 2** einkochen. Earl Grey Scones mit Heidelbeerkompott und Joghurt servieren.

Pro Portion: 183 kcal, 6 g EW, 31 g KH, 4 g F, 3 g BST

Hafer-Zimt-Kekse

Zubereitungszeit **10 Min.**
Backzeit **15 Min.**
Für **12 Stück**

4

50 g Haselnüsse
120 g kernige Haferflocken
80 g vegane Halbfettmargarine
40 g Zucker
1 Päckchen Vanillezucker
1 Prise Salz
1 TL Backpulver
1 TL Zimt

1. Backofen auf 180° C (Gas: Stufe 2, Umluft: 160° C) vorheizen. Haselnüsse in den Mixtopf geben und **6 Sek./Stufe 8** zerkleinern. Haferflocken dazugeben und **5 Sek./Stufe 7** zerkleinern. Margarine, Zucker, Vanillezucker, Salz, Backpulver und Zimt dazugeben und **30 Sek./Stufe 4** verrühren.

2. Aus dem Teig mithilfe eines Teelöffels 12 Kleckse auf ein mit Backpapier ausgelegtes Backblech setzen, flach verstreichen und im Backofen auf mittlerer Schiene ca. 15 Minuten backen. Hafer-Zimt-Kekse servieren.

Pro Portion: 105 kcal, 2 g EW, 11 g KH, 6 g F, 1 g BST

Joghurt-Beeren-Muffins

Zubereitungszeit **10 Min.**
Backzeit **20 Min.**
Für **12 Stück**

5

150 g Magermilchjoghurt
100 g entrahmte Milch
50 g Halbfettmargarine
1 Ei (Größe M)
75 g brauner Zucker
200 g Mehl
2 TL Backpulver
100 g Haferkleie
200 g gemischte Beeren (TK)

1. Backofen auf 200° C (Gas: Stufe 3, Umluft: 180° C) vorheizen. Joghurt, Milch, Margarine, Ei und Zucker in den Mixtopf geben und **20 Sek./Stufe 4** verrühren. Mehl, Backpulver und Kleie dazugeben und **20 Sek./Stufe 4** verrühren.

2. Gefrorene Beeren mit dem Spatel unter den Teig heben. 12 Mulden eines Muffinblechs mit Backpapier auskleiden, Teig darauf verteilen und im Backofen auf mittlerer Schiene 20–25 Minuten backen. Joghurt-Beeren-Muffins kurz abkühlen lassen und servieren.

Pro Portion: 149 kcal, 5 g EW, 24 g KH, 3 g F, 3 g BST

Softe Aprikosen-Karotten-Riegel

Zubereitungszeit **10 Min.**
Backzeit **30 Min.**
Kühlzeit **90 Min.**
Für **16 Stück**

3

30 g getrocknete Aprikosen
30 g Pekannüsse
150 g Karotten
50 g vegane Halbfettmargarine
80 g Agavendicksaft
140 g kernige Haferflocken
1 Prise Salz

1. Backofen auf 180° C (Gas: Stufe 2, Umluft: 160° C) vorheizen. Aprikosen in den Mixtopf geben und **6 Sek./Stufe 8** zerkleinern. Pekannüsse zufügen, **3 Sek./Stufe 6** zerkleinern und umfüllen. Karotten schälen, in Stücke schneiden, in den Mixtopf geben, **6 Sek./Stufe 5** zerkleinern und mit dem Spatel nach unten schieben.

2. Margarine und Agavendicksaft in den Mixtopf geben und **1 Min./37° C/Stufe 2** verrühren. Haferflocken, Salz und Nuss-Aprikosen-Mischung zufügen und **30 Sek./Stufe 3** verrühren.

3. Masse in einer mit Backpapier ausgelegten Auflaufform (ca. 16 x 20 cm) verteilen, im Backofen auf mittlerer Schiene 25–30 Minuten backen und in 16 Riegel schneiden. Aprikosen-Karotten-Riegel ca. 90 Minuten abkühlen lassen und genießen oder gut verpackt aufbewahren.

Pro Portion: 79 kcal, 2 g EW, 10 g KH, 3 g F, 2 g BST

Joghurtwaffeln

Zubereitungszeit **5 Min.**
Garzeit **10 Min.**

7

Für **4 Stück**
Pro Portion: 218 kcal, 7 g EW, 32 g KH, 7 g F, 1 g BST

1/2 Vanilleschote längs aufschneiden und das Mark herauskratzen. 1 Ei (Größe M), 40 g Halbfettmargarine, 25 g Zucker, Vanillemark und 1 Prise Salz in den Mixtopf geben, **30 Sek./Stufe 5** verrühren und mit dem Spatel nach unten schieben. 150 g Magermilchjoghurt, 1/2 TL unbehandelte Zitronenschale, 130 g Mehl und 1/2 TL Backpulver dazugeben und **10 Sek./Stufe 5** verrühren. Belgisches Waffeleisen mit 5 g Halbfettmargarine fetten und darin aus dem Teig nacheinander 4 Waffeln backen. Joghurtwaffeln servieren.

Schoko-Bananen-Waffeln

Zubereitungszeit **5 Min.**
Garzeit **10 Min.**

6

Für **4 Stück**
Pro Portion: 219 kcal, 7 g EW, 31 g KH, 7 g F, 2 g BST

1/2 Vanilleschote längs aufschneiden und das Mark herauskratzen. 1 kleine Banane schälen, in Stücke schneiden, mit 1 Ei (Größe M), 35 g Halbfettmargarine, Vanillemark und 1 Prise Salz in den Mixtopf geben, **30 Sek./Stufe 5** verrühren und mit dem Spatel nach unten schieben. 100 g entrahmte Milch, 12 g Zartbitter-Schokodrops, 130 g Mehl und 1/2 TL Backpulver dazugeben und **10 Sek./Stufe 5** verrühren. Belgisches Waffeleisen mit 5 g Halbfettmargarine fetten und darin aus dem Teig nacheinander 4 Waffeln backen. Schoko-Bananen-Waffeln servieren.

Vegane Waffeln

Zubereitungszeit **5 Min.**
Garzeit **10 Min.**

8

Für **4 Stück**
Pro Portion: 201 kcal, 4 g EW, 34 g KH, 5 g F, 2 g BST

1/2 Vanilleschote längs aufschneiden und das Mark herauskratzen. 40 g vegane Halbfettmargarine, 50 g Apfelmark, 25 g Zucker, Vanillemark und 1 Prise Salz in den Mixtopf geben, **30 Sek./Stufe 5** verrühren und mit dem Spatel nach unten schieben. 150 g Haferdrink, 130 g Mehl und 1/2 TL Backpulver dazugeben und **10 Sek./Stufe 5** verrühren. Belgisches Waffeleisen mit 5 g veganer Halbfettmargarine fetten und darin aus dem Teig nacheinander 4 Waffeln backen. Vegane Waffeln servieren.

Herzhaftes Backen

Bunte Pesto-Focaccia

Zubereitungszeit **25 Min.**
Backzeit **15 Min.**
Gehzeit **60 Min.**
Für **8 Stücke**

5

1/2 Würfel Hefe
140 g Wasser
1 Prise Zucker
260 g Mehl
Salz, Pfeffer
2 EL Olivenöl
2 EL Pinienkerne
1/2 Bund Basilikum
1 Knoblauchzehe
20 g Parmesan
1 Bund Frühlingszwiebeln
1 rote Zwiebel
150 g bunte Cocktailtomaten

1. Hefe, 120 g Wasser, Zucker, 250 g Mehl, 1 TL Salz und 1 EL Öl in den Mixtopf geben und **3 Min./Teigknetstufe** kneten. Teig in eine Schüssel geben und abgedeckt an einem warmen Ort ca. 60 Minuten gehen lassen. Pinienkerne fettfrei in einer Pfanne auf mittlerer Stufe 2–3 Minuten rösten.

2. Basilikum waschen, trocken schütteln, mit Pinienkernen, Knoblauch, Parmesan, restlichem Öl, restlichem Wasser, Salz und Pfeffer in den Mixtopf geben und **60 Sek./Stufe 3** zerkleinern.

3. Frühlingszwiebeln waschen, längs halbieren und gegebenenfalls in grobe Stücke schneiden. Zwiebel schälen und in Ringe schneiden. Tomaten waschen und halbieren. Backofen auf 200° C (Gas: Stufe 3, Umluft: 180° C) vorheizen.

4. Teig auf Backpapier oval ausrollen, dabei restliches Mehl zum Verarbeiten nutzen und mit den Fingern Vertiefungen in den Teig drücken. Teig mit Pesto, Frühlingszwiebeln, Zwiebeln und Tomaten garnieren. Focaccia samt Backpapier auf ein Backblech geben und im Backofen auf mittlerer Schiene ca. 25 Minuten backen. Guten Appetit!

Pro Portion: 181 kcal, 6 g EW, 25 g KH, 6 g F, 2 g BST

Lecker anders

Variiere die Toppings auf deiner Focaccia nach deinem Belieben – wie wäre es mit Zucchini, Champignons und Mais?

Titelrezept

Chorizo-Knusper-Stangen

Zubereitungszeit **30 Min.**
Backzeit **15 Min.**
Kühlzeit **20 Min.**
Für **10 Stück**

2

160 g Mehl
1 TL Backpulver
75 g Wasser
1 EL Sonnenblumenöl
Salz, Pfeffer
25 g Chorizo
25 g passierte Tomaten (Konserve)
1 TL Tomatenmark
je 1/2 TL getrockneter Oregano und Thymian
1 TL Sesam

1. 150 g Mehl, Backpulver, Wasser, Öl und 1 TL Salz in den Mixtopf geben und **2 Min./Teigknetstufe** kneten. Teig zu einer Kugel formen, in Frischhaltefolie wickeln und ca. 20 Minuten kalt stellen. Chorizo in sehr kleine Würfel schneiden.

2. Backofen auf 200° C (Gas: Stufe 3, Umluft: 180° C) vorheizen. Tomaten, Tomatenmark, Kräuter, Salz und Pfeffer verrühren. Arbeitsfläche mit restlichem Mehl bestäuben und Teig darauf rechteckig (ca. 40 x 20 cm) ausrollen. Teig mit Tomatencreme bestreichen und in 2 cm breite Streifen schneiden.

3. Teigstreifen mit Chorizo und Sesam bestreuen, eindrehen, auf ein mit Backpapier ausgelegtes Backblech legen und im Backofen auf mittlerer Schiene ca. 15 Minuten backen. Guten Appetit!

Pro Portion: 82 kcal, 2 g EW, 12 g KH, 3 g F, 1 g BST

Asia-Teigtaschen mit Tofu

Zubereitungszeit **25 Min.**
Garzeit **30 Min.**
Kühlzeit **20 Min.**
Für **24 Stück**

2

250 g Mehl
105 g Wasser
35 g vegane Halbfettmargarine
Salz, Pfeffer
40 g Edamame (TK)
1 kleine Karotte
100 g Spitzkohl
100 g Tofu
1 EL Rapsöl
1 TL 5-Gewürze-Pulver
1 Msp. Chiliflocken
2 EL Sojasauce
120 g süße Asia-Chilisauce

1. 240 g Mehl, 100 g Wasser, Margarine und 1 TL Salz in den Mixtopf geben und **2 Min./Teigknetstufe** kneten. Teig zu einer Kugel formen, in Frischhaltefolie wickeln und ca. 20 Minuten kalt stellen. Edamame auftauen lassen.

2. Karotte schälen und in Stücke schneiden. Spitzkohl putzen, vierteln, Strunk entfernen, Kohl mit Karotten in den Mixtopf geben, **6 Sek./Stufe 5** zerkleinern und mit dem Spatel nach unten schieben. Tofu zerbröseln, mit Öl, 5-Gewürze-Pulver, Chiliflocken, Salz und Pfeffer in den Mixtopf geben und **5 Min./120° C/Linkslauf/Stufe 1** andünsten. Sojasauce und Edamame dazugeben und **3 Min./120° C/ Linkslauf/Stufe 1** andünsten.

3. Backofen auf 200° C (Gas: Stufe 3, Umluft: 180° C) vorheizen. Arbeitsfläche mit restlichem Mehl bestäuben und Teig darauf rechteckig ausrollen. Teig in 24 Rechtecke schneiden, jeweils mittig mit Gemüse belegen, die Ränder mit etwas Wasser bepinseln und über der Füllung zusammenklappen und festdrücken, sodass runde Teigtaschen entstehen.

4. Teigtaschen auf einem mit Backpapier ausgelegtes Backblech verteilen, mit restlichem Wasser bepinseln und im Backofen auf mittlerer Schiene 15–20 Minuten backen. Asia-Teigtaschen mit Chilisauce servieren.

Pro Portion: 62 kcal, 2 g EW, 9 g KH, 2 g F, 1 g BST

Birnen-Flammkuchen mit Zwiebelcreme

Zubereitungszeit **20 Min.**
Garzeit **15 Min.**
Kühlzeit **20 Min.**
Für **8 Stücke**

5

250 g Mehl
120 g Wasser
3 TL Olivenöl
Salz, Pfeffer
40 g Parmesan
4 Zweige Thymian
1 Zwiebel
1 Knoblauchzehe
150 g saure Sahne
1 kleine Birne
1 kleine Zucchini
120 g Champignons

1. 240 g Mehl, Wasser, 2 TL Öl und 1 TL Salz in den Mixtopf geben und **2 Min./Teigknetstufe** kneten. Teig zu einer Kugel formen, in Frischhaltefolie wickeln und ca. 20 Minuten kalt stellen. Parmesan in den Mixtopf geben, **6 Sek./Stufe 8** zerkleinern und umfüllen.

2. Thymian waschen, trocken schütteln und Blätter abzupfen. Zwiebel schälen, mit Knoblauch und Thymian in den Mixtopf geben, **6 Sek./Stufe 5** zerkleinern und mit dem Spatel nach unten schieben. Restliches Öl zugeben und **3 Min./120° C/Stufe 1** andünsten. Saure Sahne, Salz und Pfeffer dazugeben und **10 Sek./Stufe 3** verrühren. Backofen mit Backblech auf 220° C (Gas: Stufe 4, Umluft: 200° C) vorheizen.

3. Birne waschen, vierteln, entkernen und in Spalten schneiden. Zucchini waschen und längs in dünne Streifen schneiden. Champignons trocken abreiben und in Scheiben schneiden. Arbeitsfläche mit restlichem Mehl bestäuben und Teig darauf dünn oval ausrollen. Teig mit Zwiebelcreme bestreichen, mit Birnen, Zucchini und Champignons belegen und mit Parmesan bestreuen. Flammkuchen samt Backpapier auf das heiße Backblech geben, im Backofen auf unterer Schiene ca. 15 Minuten backen, in Stücke schneiden und genießen.

Pro Portion: 183 kcal, 6 g EW, 26 g KH, 6 g F, 3 g BST

Parmesan zerkleinern

Am besten kaufst du ein großes Stück Parmesan und zerkleinerst die benötigte Menge jeweils frisch. Meist reichen rund 3-6 Sekunden bei Stufe 8 – je nachdem, wie fein du ihn magst.

Schinken-Tomaten-Muffins

Zubereitungszeit **15 Min.**
Garzeit **20 Min.**
Für **12 Stück**

5

90 g Halbfettmargarine
100 g Cocktailtomaten
100 g roher Schinken
125 g Weizenmehl
125 g Vollkornmehl
2 TL Backpulver
1/2 TL Natron
200 g fettarme Milch
2 Eier (Größe M)
75 g geriebener Cheddar, 50 % Fett i. Tr.
2 EL Schnittlauchringe

1. Backofen auf 200° C (Gas: Stufe 3, Umluft: 180° C) vorheizen. 12 Mulden eines Muffinblechs mit 10 g Margarine fetten. Tomaten waschen und vierteln. Schinken in den Mixtopf geben und **5 Sek./Stufe 5** zerkleinern. 20 g Margarine dazugeben, **2 Min./37° C/Linkslauf/Stufe 2** erwärmen und umfüllen.

2. Restliche Margarine, Mehle, Backpulver, Natron, Milch, Eier, Cheddar, Salz und Pfeffer in den Mixtopf geben und **1 Min./Stufe 3** verrühren. Tomaten, Schnittlauch und Schinken mit dem Spatel unterheben und Teig auf die Muffinmulden verteilen. Schinken-Tomaten-Muffins im Backofen auf mittlerer Schiene ca. 20 Minuten backen und servieren.

Pro Portion: 159 kcal, 8 g EW, 15 g KH, 7 g F, 2 g BST

Kürbistarte mit Nusscrunch

Zubereitungszeit **20 Min.**
Backzeit **35 Min.**
Kühlzeit **20 Min.**
Für **8 Stücke**

6

210 g Mehl
70 g Halbfettmargarine
30 g Wasser
Salz, Pfeffer
20 g Haselnüsse
20 g Kürbiskerne
1 EL Pinienkerne
1 kleiner Hokkaidokürbis (ca. 700 g)
1 Kugel fettreduzierter Mozzarella
50 g saure Sahne
2 Eier (Größe M)
1 TL getrockneter Rosmarin
1/2 TL geriebene Muskatnuss
1 Msp. Paprikapulver

1. 200 g Mehl, Margarine, Wasser und 1 TL Salz in den Mixtopf geben und **1 Min./Teigknetstufe** kneten. Teig zu einer Kugel formen, in Frischhaltefolie wickeln und ca. 20 Minuten kalt stellen. Haselnüsse, Kürbiskerne und Pinienkerne in den Mixtopf geben, **2 Sek./Stufe 5** zerkleinern und umfüllen. Backofen auf 180° C (Gas: Stufe 2, Umluft: 160° C) vorheizen.

2. Arbeitsfläche mit restlichem Mehl bestäuben und Teig darauf rund ausrollen. Eine mit Backpapier ausgelegte Tarteform (Ø 26 cm) mit Teig auskleiden und dabei einen 2 cm hohen Rand formen. Teig mit einer Gabel mehrfach einstechen und im Backofen auf mittlerer Schiene ca. 10 Minuten vorbacken.

3. Kürbis waschen, halbieren und Kerne mit einem Löffel entfernen. Kürbis in grobe Stücke schneiden, in den Mixtopf geben, **4 Sek./Stufe 5** zerkleinern und umfüllen. Mozzarella trocken tupfen, in den Mixtopf geben und **4 Sek./Stufe 5** zerkleinern. Saure Sahne, Eier, Rosmarin, Muskatnuss, Paprikapulver, Salz und Pfeffer dazugeben und **5 Sek./Stufe 3** verrühren. Kürbis mit dem Spatel unterheben. Kürbismischung in der Tarteform verteilen, mit Nussmischung bestreuen und im Backofen auf mittlerer Schiene 20–25 Minuten backen. Tarte in Stücke schneiden und servieren.

Pro Portion: 276 kcal, 11 g EW, 32 g KH, 11 g F, 4 g BST

Hefezopf
mit Tomaten und Oliven

Zubereitungszeit **45 Min.**
Backzeit **30 Min.**
Gehzeit **90 Min.**
Für **12 Scheiben**

3

120 g Wasser
1/2 Würfel Hefe
1 Prise Zucker
260 g Mehl
Salz, Pfeffer
2 TL Olivenöl
4 Stängel Basilikum
70 g getrocknete Tomaten ohne Öl
50 g entsteinte grüne Oliven in Lake
1 Kugel fettreduzierter Mozzarella
1 Ei (Größe M)

1. Wasser, Hefe, Zucker, 250 g Mehl, 1 TL Salz und Öl in den Mixtopf geben und **3 Min./Teigknetstufe** kneten. Teig in eine Schüssel geben und abgedeckt an einem warmen Ort ca. 60 Minuten gehen lassen.

2. Basilikum waschen und trocken schütteln. Tomaten in den Mixtopf geben, **10 Sek./Stufe 7** zerkleinern und mit dem Spatel nach unten schieben. Basilikum und Oliven dazugeben, **3 Sek./Stufe 6** zerkleinern, umfüllen und mit Pfeffer würzen. Mozzarella trocken tupfen, in den Mixtopf geben und **4 Sek./Stufe 5** zerkleinern.

3. Arbeitsfläche mit restlichem Mehl bestäuben und Teig darauf rechteckig (ca. 40 x 20 cm) ausrollen. Teig mit Oliven-Tomaten-Mischung und Mozzarella bestreuen und von der langen Seite her aufrollen. Rolle auf ein mit Backpapier ausgelegtes Backblech legen, längs halbieren, Teigstränge zu einem Zopf oder einer Kordel eindrehen und die Enden zusammendrücken. Hefezopf abgedeckt weitere ca. 30 Minuten gehen lassen.

4. Backofen auf 200° C (Gas: Stufe 3, Umluft: 180° C) vorheizen. Ei verquirlen, Hefezopf damit bestreichen, im Backofen auf mittlerer Schiene ca. 30 Minuten backen, dabei nach 15 Minuten mit Alufolie abdecken. Hefezopf kurz abkühlen lassen, in Scheiben schneiden und genießen.

Pro Portion: 123 kcal, 6 g EW, 17 g KH, 3 g F, 2 g BST

Schnelle Spinatpizza mit Lachs

Zubereitungszeit **20 Min.**
Backzeit **20 Min.**
Kühlzeit **20 Min.**
Für **8 Stücke**

7

250 g Magerquark
3 EL Sonnenblumenöl
3 EL fettarme Milch
1 Ei (Größe M)
Salz, Pfeffer
350 g Mehl
2 TL Backpulver
30 g Parmesan
160 g Baby-Blattspinat
50 g Ricotta
250 g Champignons
80 g Räucherlachs
40 g Rucola

1. 200 g Quark, Öl, Milch, Ei, 1 TL Salz, Mehl und Backpulver in den Mixtopf geben und **2 Min./Teigknetstufe** kneten. Teig zu einer Kugel formen, in Frischhaltefolie wickeln und ca. 20 Minuten kalt stellen. Parmesan in den Mixtopf geben, **6 Sek./Stufe 8** zerkleinern und umfüllen.

2. Spinat waschen, trocken schleudern, mit restlichem Quark, Ricotta, Salz und Pfeffer in den Mixtopf geben, **5 Sek./Stufe 4** zerkleinern, mit dem Spatel nach unten schieben und weitere **15 Sek./Stufe 3** zerkleinern. Backofen auf 200° C (Gas: Stufe 3, Umluft: 180° C) vorheizen.

3. Champignons trocken abreiben und in dünne Scheiben schneiden. Teig auf einem mit Backpapier ausgelegten Backblech rechteckig ausrollen, dabei restliches Mehl zum Verarbeiten nutzen. Teig mit Spinatcreme bestreichen, mit Champignons belegen und mit Parmesan bestreuen. Pizza im Backofen auf mittlerer Schiene ca. 20 Minuten backen.

4. Rucola waschen und trocken schleudern. Lachs in Streifen schneiden. Spinatpizza in Stücke schneiden, mit Rucola und Lachs garnieren und servieren.

Pro Portion: 286 kcal, 15 g EW, 33 g KH, 10 g F, 3 g BST

Ratatouille-Tartelettes mit Ziegenkäse

Zubereitungszeit **20 Min.**
Garzeit **25 Min.**
Kühlzeit **20 Min.**
Für **12 Stück**

4

370 g Mehl
2 TL Backpulver
80 g Magerquark
1 Ei (Größe M)
100 g Wasser
3 TL Olivenöl
Salz, Pfeffer
1 kleine Zwiebel
1 kleine Zucchini
1 kleine Aubergine
je 1 kleine rote und gelbe Paprika
1 Knoblauchzehe
150 g passierte Tomaten (Konserve)
1 EL italienische Kräuter (TK)
60 g Ziegenfrischkäse, 45 % Fett i. Tr.
1 EL gehackter Thymian

1. 350 g Mehl, Backpulver, Quark, Ei, Wasser, 2 TL Öl und 1 TL Salz in den Mixtopf geben und **2 Min./Teigknetstufe** kneten. Teig zu einer Kugel formen, in Frischhaltefolie wickeln und ca. 20 Minuten kalt stellen.

2. Zwiebel schälen, Zucchini und Aubergine waschen, Paprika waschen, entkernen und mit Zwiebel, Zucchini und Aubergine in grobe Stücke schneiden. Gemüse mit Knoblauch und 1 EL Mehl in den Mixtopf geben und **5 Sek./Stufe 4** zerkleinern. Restliches Öl dazugeben und **5 Min./120° C/Linkslauf/Sanftrührstufe** dünsten. Tomaten dazugeben, mit Salz und Pfeffer würzen, mit Kräutern verfeinern und weitere **8 Min./120° C/Linkslauf/Sanftrührstufe** garen.

3. Backofen auf 180° C (Gas: Stufe 2, Umluft: 160° C) vorheizen. Arbeitsfläche mit restlichem Mehl bestäuben, Teig darauf in 12 Stücke teilen, rund ausrollen und 12 Tarteletteformen (Ø 10 cm) damit auskleiden. Teig mehrfach mit einer Gabel einstechen und im Backofen auf mittlerer Schiene ca. 5 Minuten vorbacken.

4. Tartelettes mit Gemüsemischung füllen, Ziegenkäse in Klecksen darauf verteilen und weitere 10–12 Minuten backen, dabei ca. 2 Minuten vor Ende der Garzeit die Grillfunktion einschalten. Enjoy!

Pro Portion: 152 kcal, 6 g EW, 25 g KH, 3 g F, 2 g BST

Deftiger Pizzastern mit Knoblauch

Zubereitungszeit **25 Min.**
Backzeit **25 Min.**
Gehzeit **60 Min.**
Für **8 Stücke**

6

360 g Mehl
1/2 Würfel Hefe
1 Prise Zucker
190 g Wasser
Salz, Pfeffer
1 Zwiebel
80 g Baby-Blattspinat
40 g Parmesan
2 Knoblauchzehen
30 g magere Schinkenwürfel
1 EL Olivenöl
1 TL getrockneter Oregano

1. 350 g Mehl, Hefe, Zucker, Wasser und 1 TL Salz in den Mixtopf geben und **2 Min./Teigknetstufe** kneten. Teig in eine Schüssel geben und abgedeckt an einem warmen Ort ca. 30 Minuten gehen lassen. Zwiebel schälen. Spinat waschen, trocken schleudern, mit Parmesan, 1 Knoblauchzehe, Schinkenwürfel, Zwiebel, Salz und Pfeffer in den Mixtopf geben und **5 Sek./Stufe 5** zerkleinern. Mischung mit dem Spatel nach unten Schieben und erneut **5 Sek./Stufe 5** zerkleinern.

2. Teig halbieren, Arbeitsfläche mit restlichem Mehl bestäuben und Teig darauf zu zwei Kreisen (Ø 30 cm) ausrollen. Einen Teigkreis auf ein mit Backpapier ausgelegtes Backblech legen, mit Spinat-Schinken-Füllung bestreichen und mit restlichem Teigkreis abdecken. In 16 Stücke schneiden, dabei bis zur Mitte einschneiden, aber nicht durchschneiden. Je 2 nebeneinanderliegende Teigstränge in entgegengesetzte Richtungen eindrehen. Pizzastern abgedeckt weitere ca. 30 Minuten gehen lassen.

3. Backofen auf 180° C (Gas: Stufe 2, Umluft: 160° C) vorheizen. Öl mit Oregano verrühren und restlichen Knoblauch dazupressen. Pizzastern mit Knoblauchöl bestreichen und im Backofen auf mittlerer Schiene ca. 25 Minuten backen. Pizzastern servieren.

Pro Portion: 202 kcal, 8 g EW, 33 g KH, 4 g F, 2 g BST

Ricotta-Scones

Zubereitungszeit **20 Min.**
Backzeit **10 Min.**
Für **12 Stück**

4

40 g Parmesan
330 g Mehl
2 TL Backpulver
100 g Ricotta
2 Eier (Größe M)
1 1/2 TL Senf
1 EL Schnittlauchringe
Salz, Pfeffer
110 g entrahmte Milch

1. Backofen auf 200° C (Gas: Stufe 3, Umluft: 180° C) vorheizen. Parmesan in den Mixtopf geben, **6 Sek./Stufe 8** zerkleinern und die Hälfte herausnehmen. 320 g Mehl, Backpulver, Ricotta, 1 Ei, Senf, Schnittlauch, Salz, Pfeffer und Milch in den Mixtopf geben und **1 Min. 30 Sek./ Teigknetstufe** kneten.

2. Arbeitsfläche mit restlichem Mehl bestäuben, Teig darauf kurz durchkneten und ca. 2 cm dick ausrollen. 12 Kreise (Ø 6 cm) ausstechen und auf ein mit Backpapier ausgelegtes Backblech legen.

3. Restliches Ei verquirlen, Scones damit bepinseln, mit restlichem Parmesan bestreuen und im Backofen auf mittlerer Schiene 10–12 Minuten backen. Ricotta-Scones genießen.

Pro Portion: 142 kcal, 6 g EW, 21 g KH, 4 g F, 1 g BST

Kräuter-Flammkuchen-Schnecken

Zubereitungszeit **20 Min.**
Backzeit **20 Min.**
Kühlzeit **20 Min.**
Für **12 Stück**

3

310 g Vollkornmehl
1 EL Olivenöl
170 g Wasser
Salz, Pfeffer
1 Bund Frühlingszwiebeln
1 rote Paprika
50 g gekochter Schinken
1 Beet Kresse
100 g Kräuterfrischkäse, bis 5 % Fett absolut
50 g geriebener Käse, 30 % Fett i. Tr.

1. 300 g Mehl, Öl, Wasser und 1 TL Salz in den Mixtopf geben und **2 Min./Teigknetstufe** kneten. Teig zu einer Kugel formen, in Frischhaltefolie wickeln und ca. 20 Minuten kalt stellen. Backofen auf 180° C (Gas: Stufe 2, Umluft: 160° C) vorheizen.

2. Frühlingszwiebeln und Paprika waschen. Paprika entkernen, mit Frühlingszwiebeln in grobe Stücke schneiden, mit Schinken in den Mixtopf geben, **4 Sek./Stufe 4** zerkleinern, mit dem Spatel nach unten schieben und erneut **4 Sek./Stufe 4** zerkleinern. Kresse vom Beet schneiden.

3. Arbeitsfläche mit restlichem Mehl bestäuben und Teig darauf rechteckig (ca. 20 x 50 cm) ausrollen. Teig mit Frischkäse bestreichen, mit Gemüse-Schinken-Mischung und Kresse belegen, mit 20 g Käse bestreuen, mit Salz und Pfeffer würzen und von der langen Seite her aufrollen.

4. Teigrolle in 12 Scheiben schneiden und mit der Schnittfläche nach oben in eine mit Backpapier ausgelegte Auflaufform (ca. 20 x 30 cm) setzen. Kräuter-Flammkuchen-Schnecken mit restlichem Käse bestreuen, im Backofen auf mittlerer Schiene ca. 20 Minuten backen und servieren.

Pro Portion: 125 kcal, 6 g EW, 17 g KH, 3 g F, 4 g BST

Low Carb Gemüsepizza

Zubereitungszeit **15 Min.**
Backzeit **35 Min.**
Für **8 Stücke**

2

300 g Karotten
je 1 gelbe und grüne Paprika
1 Zwiebel
60 g Leinsamen
1 Kugel fettreduzierter Mozzarella
2 Eier (Größe M)
80 g Hüttenkäse, bis 0,5 % Fett absolut
Salz, Pfeffer
1 EL gehackte italienische Kräuter

1. Karotten schälen und in Stücke schneiden. Paprika waschen, entkernen und in Stücke schneiden. Zwiebel schälen und halbieren. Gemüse in den Mixtopf geben, **5 Sek./Stufe 5** zerkleinern, in ein Küchentuch geben und überschüssige Flüssigkeit ausdrücken.

2. Leinsamen in den Mixtopf geben, **3 Sek./Stufe 8** schroten, mit dem Spatel nach unten schieben und erneut **3 Sek./Stufe 8** schroten. Mozzarella trocken tupfen, dazugeben und **3 Sek./Stufe 5** zerkleinern. Eier, Hüttenkäse, Gemüse, Salz, Pfeffer und Kräuter zufügen, **5 Sek./Stufe 3** verrühren und ca. 30 Minuten quellen lassen.

3. Backofen auf 160° C (Gas: Stufe 1, Umluft: 140° C) vorheizen. Teig auf einem mit Backpapier ausgelegten Backblech verteilen und im Backofen auf mittlerer Schiene ca. 35 Minuten backen. Gemüsepizza in Stücke schneiden und servieren.

Pro Portion: 104 kcal, 9 g EW, 5 g KH, 6 g F, 5 g BST

Hawaii-Laugenschiffchen

Zubereitungszeit **25 Min.**
Backzeit **20 Min.**
Gehzeit **60 Min.**
Für **8 Stück**

6

310 g Mehl
1/2 Würfel Hefe
1/2 TL Zucker
1170 g Wasser
Salz, Pfeffer
1 TL Natron
100 g Champignons
1 Kugel fettreduzierter Mozzarella
2 Scheiben gekochter Schinken
100 g Ananasstücke (Konserve ohne Zucker)
60 g Schmand
1 TL Curry

1. 300 g Mehl, Hefe, Zucker, 170 g Wasser und 1 TL Salz in den Mixtopf geben und **2 Min./Teigknetstufe** kneten. Teig in eine Schüssel geben und abgedeckt an einem warmen Ort ca. 30 Minuten gehen lassen.

2. Arbeitsfläche mit restlichem Mehl bestäuben, Teig darauf in 8 Stücke teilen und zu flachen Stangen formen. Restliches Wasser mit Natron und 1 TL Salz in einem Topf auf hoher Stufe aufkochen und auf niedriger Stufe warmhalten. Teigstangen ca. 10 Sekunden in Natronwasser pochieren, auf ein mit Backpapier ausgelegtes Backblech legen und abgedeckt weitere ca. 30 Minuten gehen lassen.

3. Backofen auf 200° C (Gas: Stufe 3, Umluft: 180° C) vorheizen. Champignons trocken abreiben, Mozzarella trocken tupfen und beides in Scheiben schneiden. Schinken in Stücke schneiden und Ananas abtropfen lassen. Schmand mit Curry, Salz und Pfeffer verrühren.

4. Laugenschiffchen auf ein mit Backpapier ausgelegtes Backblech legen, mit Currycreme bestreichen und mit Champignons, Schinken, Ananas und Mozzarella belegen. Laugenschiffchen im Backofen auf mittlerer Schiene ca. 20 Minuten backen und servieren.

Pro Portion: 193 kcal, 9 g EW, 29 g KH, 4 g F, 2 g BST

Bohnen Fritters mit Joghurt-Gurken-Dip

Zubereitungszeit **20 Min.**
Garzeit **15 Min.**
Für **4 Personen**

0

1 Dose weiße Bohnen (240 g Abtropfgewicht)
4 Frühlingszwiebeln
je 4 Stängel glatte Petersilie und Minze
1/2 unbehandelte Zitrone
1 Knoblauchzehe
2 TL Harissapaste
1 TL Kreuzkümmel
1 TL Paprikapulver
Salz, Pfeffer
1 Salatgurke
1 grüne Chilischote
170 g griechischer Joghurt, Natur, bis 0,2 % Fett

1. Backofen auf 200° C (Gas: Stufe 3, Umluft: 180° C) vorheizen. Bohnen abspülen und abtropfen lassen. Frühlingszwiebeln waschen und in Stücke schneiden. Petersilie und Minze waschen und trocken schütteln. Zitronenschale abreiben und Zitronenhälfte auspressen.

2. Bohnen, Frühlingszwiebeln, Petersilie, Knoblauch, Harissapaste, Kreuzkümmel, Paprikapulver, Zitronenschale, Salz und Pfeffer in den Mixtopf geben, **15 Sek./Stufe 6** zerkleinern, mit dem Spatel nach unten schieben und weitere **30 Sek./Stufe 3** zerkleinern. Bohnenmus in 8 Teile teilen und mithilfe von 2 Esslöffeln auf einem mit Backpapier ausgelegten Backblech zu runden Bratlingen verstreichen. Bohnen Fritters im Backofen auf mittlerer Schiene ca. 15 Minuten backen. Mixtopf ausspülen.

3. Chilischote waschen, entkernen, mit Minze in den Mixtopf geben, **3 Sek./Stufe 5** zerkleinern und mit dem Spatel nach unten schieben. Gurke waschen, in Stücke schneiden, in den Mixtopf geben und **4 Sek./Stufe 4** zerkleinern. Joghurt und Zitronensaft dazugeben, **15 Sek./Linkslauf/Stufe 1** verrühren und mit Salz und Pfeffer abschmecken. Bohnen Fritters mit Joghurt-Gurken-Dip servieren.

Pro Portion: 119 kcal, 10 g EW, 14 g KH, 1 g F, 6 g BST

Zwiebel-Zucchini-Blechkuchen

Zubereitungszeit **25 Min.**
Garzeit **35 Min.**
Kühlzeit **20 Min.**
Für **12 Stücke**

4

410 g Dinkelmehl
2 TL Backpulver
150 g Magerquark
3 Eier (Größe M)
130 g fettarme Milch
3 TL Rapsöl
Salz, Pfeffer
3 Zucchini
3 Stängel Petersilie
50 g Schmand
2 TL Speisestärke
2 Frühlingszwiebeln
je 1 rote und weiße Zwiebel

1. 400 g Mehl, Backpulver, 80 g Quark, 1 Ei, Milch, 2 TL Öl und 1 TL Salz in den Mixtopf geben und **2 Min./Teigknetstufe** kneten. Teig zu einer Kugel formen, in Frischhaltefolie wickeln und ca. 20 Minuten kalt stellen. Backofen auf 180° C (Gas: Stufe 2, Umluft: 160° C) vorheizen.

2. Zucchini waschen und in grobe Stücke schneiden. Petersilie waschen, trocken schütteln, mit Zucchini in den Mixtopf geben, **3 Sek./Stufe 5** zerkleinern und umfüllen. Schmand, restlichen Quark, restliche Eier, Stärke, Salz und Pfeffer in den Mixtopf geben und **6 Sek./Stufe 3** verrühren. Zucchinimischung unterheben. Frühlingszwiebeln waschen, Zwiebeln schälen und mit Frühlingszwiebeln in Ringe schneiden. Restliches Öl in einer Pfanne auf mittlerer Stufe erhitzen und Zwiebeln darin ca. 3 Minuten andünsten.

3. Backofen auf 180° C (Gas: Stufe 2, Umluft: 160° C) vorheizen. Arbeitsfläche mit restlichem Mehl bestäuben und Teig darauf rechteckig (ca. 30 x 35 cm) ausrollen. Teig auf ein mit Backpapier ausgelegtes Backblech legen, einen ca. 1 cm hohen Rand formen und mehrfach mit einer Gabel einstechen. Zucchinimischung und Zwiebelringe auf dem Teig verteilen und im Backofen auf mittlerer Schiene ca. 20 Minuten backen. Zwiebel-Zucchini-Blechkuchen in Stücke schneiden und servieren.

Pro Portion: 187 kcal, 9 g EW, 27 g KH, 5 g F, 2 g BST

Lahmacun mit Salat

Zubereitungszeit **30 Min.**
Backzeit **30 Min.**
Gehzeit **30 Min.**
Für **4 Stück**

270 g Mehl
140 g Wasser
1/2 Würfel Hefe
Salz, Pfeffer
1 Zwiebel
1 rote Chilischote
1 Knoblauchzehe
3 Tomaten
200 g Tatar
1 EL Tomatenmark
1/2 TL Kreuzkümmel
1/2 TL Paprikapulver
1 TL getrockneter Oregano
1 Salatgurke
1/2 Eisbergsalat
4 EL fettarmer Joghurt
1 EL gehackte Petersilie

1. 250 g Mehl, Wasser, Hefe und 1 TL Salz in den Mixtopf geben und **2 Min./Teigknetstufe** kneten. Teig in eine Schüssel geben und abgedeckt an einem warmen Ort ca. 30 Minuten gehen lassen.

2. Zwiebel schälen. Chilischote waschen und entkernen. Tomaten waschen. 2 Tomaten mit Zwiebel, Chilischote und Knoblauch in den Mixtopf geben, **4 Sek./Stufe 5** zerkleinern und mit dem Spatel nach unten schieben. Tatar, Tomatenmark, 1 EL Mehl, Kreuzkümmel, Paprikapulver, Oregano, Salz und Pfeffer dazugeben und **10 Sek./Stufe 3** verrühren. Backofen auf 200° C (Gas: Stufe 3, Umluft: 180° C) vorheizen.

3. Teig in 4 Teile teilen und auf Backpapier oval (ca. 20 x 30 cm) ausrollen, dabei restliches Mehl zum Verarbeiten nutzen. Teig mit Backpapier auf 2 Backbleche legen, mit Tatarmischung bestreichen und nacheinander im Backofen auf mittlerer Schiene ca. 8 Minuten backen. Mixtopf ausspülen.

4. Gurke waschen. Salat waschen und trocken schleudern. Gurke, Salat, und restliche Tomate in grobe Stücke schneiden, in den Mixtopf geben und **3 Sek./Stufe 5** zerkleinern. Lahmacun mit Joghurt beträufeln, mit Salatmischung belegen, mit Petersilie bestreuen, von der langen Seite her aufrollen, untere Enden mit Alufolie oder Backpapier umwickeln und genießen.

Pro Portion: 349 kcal, 22 g EW, 56 g KH, 3 g F, 6 g BST

Kuchen & Torten

Buttermilchtorte mit Heidelbeeren

Zubereitungszeit **30 Min.**
Backzeit **25 Min.**
Kühlzeit **60 Min.**
Für **8 Stücke**

5

20 g Mandeln
1/2 unbehandelte Zitrone
2 Eier (Größe M)
60 g Buttermilch
60 g Zucker
70 g Mehl
1 TL Backpulver
250 g Heidelbeeren
200 g Frischkäse,
bis 5 % Fett absolut
1 Päckchen Vanillezucker
1 Päckchen Sahnesteif

1. Backofen auf 180° C (Gas: Stufe 2, Umluft: 160° C) vorheizen. Mandeln in den Mixtopf geben, **10 Sek./Stufe 5** zerkleinern und umfüllen. 1/2 TL Zitronenschale abreiben und Zitronenhälfte auspressen. Zitronensaft mit Eiern, 40 g Buttermilch und Zucker in den Mixtopf geben und **20 Sek./Stufe 3** verrühren. Mandeln, Mehl und Backpulver dazugeben und **20 Sek./Stufe 3** verrühren.

2. Teig in eine mit Backpapier ausgelegte Springform (Ø 20 cm) füllen. Heidelbeeren waschen, trocken tupfen und 100 g auf dem Teig verteilen. Kuchen im Backofen auf mittlerer Schiene ca. 25 Minuten backen und abkühlen lassen.

3. Mixtopf ausspülen. Für die Creme Frischkäse, Zitronenschale, Vanillezucker, restliche Buttermilch und Sahnesteif in den Mixtopf geben und **10 Sek./Stufe 2** verrühren. Tortenring um den Boden legen und Frischkäsecreme auf dem Boden verteilen.

4. 50 g Heidelbeeren in den Mixtopf geben und **8 Sek./Stufe 3** pürieren. Heidelbeerpüree in Klecksen auf der Creme verteilen und mit einer Gabel marmorieren. Buttermilchtorte mit restlichen Heidelbeeren bestreuen, ca. 60 Minuten kalt stellen, in Stücke schneiden und servieren.

Pro Portion: 147 kcal, 7 g EW, 19 g KH, 5 g F, 3 g BST

a cup
2·6 fluid oz

Dunkle Schoko-Nuss-Tarte

Zubereitungszeit **35 Min.**
Garzeit **20 Min.**
Kühlzeit **20 Min.**
Für **12 Stücke**

7

25 g Haselnüsse
110 g Halbfettmargarine
60 g brauner Zucker
1 Prise Salz
120 g Mehl
4 Eier (Größe M)
1 Päckchen Vanillezucker
60 g Zartbitter-Schokolade
1 TL Speisestärke
1 EL Kakaopulver
2 EL Schlagsahne, 30 % Fett
1 EL Zartbitter-Raspelschokolade

1. Haselnüsse in den Mixtopf geben, **10 Sek./Stufe 6** zerkleinern und 1 TL herausnehmen. 60 g Margarine, 40 g Zucker, Salz und Mehl in den Mixtopf geben und **30 Sek./Stufe 3** verkneten. Teig zu einer Kugel formen, in Frischhaltefolie wickeln und ca. 20 Minuten kalt stellen. Mixtopf ausspülen.

2. Backofen auf 180° C (Gas: Stufe 2, Umluft: 160° C) vorheizen. Teig zwischen Frischhaltefolie rund ausrollen, eine mit Backpapier ausgelegte Tarteform (Ø 26 cm) damit auskleiden und dabei einen ca. 1 cm hohen Rand formen. Eier trennen und Rühraufsatz in den Mixtopf einsetzen. Eiklar mit Vanillezucker dazugeben, **2 Min./Stufe 4** steif schlagen und Eischnee umfüllen. Rühraufsatz entfernen.

3. 20 g Schokolade in den Mixtopf geben und **30 Sek./37° C/Stufe 1** schmelzen. 30 g Margarine, Eigelbe, restlichen Zucker, Stärke und Kakaopulver dazugeben und **40 Sek./37° C/Stufe 3** verrühren. Eischnee mit dem Spatel unterheben, Mischung auf dem Tarteboden verteilen und im Backofen auf mittlerer Schiene ca. 15 Minuten backen. Tarte abkühlen lassen.

4. Mixtopf ausspülen. Für den Guss restliche Schokolade, 20 g Margarine und Sahne in den Mixtopf geben und **2 Min./37° C/Stufe 1** verrühren. Tarte mit Guss garnieren, mit Raspelschokolade und restlichen Haselnüssen bestreuen und kurz abkühlen lassen. Schoko-Nuss-Tarte in Stücke schneiden und servieren.

Pro Portion: 181 kcal, 5 g EW, 17 g KH, 10 g F, 1 g BST

Veganer Mohn-Kirsch-Kuchen

Zubereitungszeit **10 Min.**
Backzeit **35 Min.**
Für **12 Scheiben**

5

90 g vegane Halbfettmargarine
60 g Zucker
100 g Apfelmark
150 g Haferdrink
200 g Mehl
20 g Mohn
1 Päckchen Backpulver
150 g Kirschen (TK)
2 TL Puderzucker

1. Backofen auf 180° C (Gas: Stufe 2, Umluft: 160° C) vorheizen. 80 g Margarine und Zucker in den Mixtopf geben und **30 Sek./Stufe 5** verrühren. Apfelmark, Haferdrink, Mehl, Mohn und Backpulver zugeben und **20 Sek./Stufe 4** unterrühren. Kirschen mit dem Spatel unterheben.

2. Eine Kastenform (Länge ca. 30 cm) mit restlicher Margarine fetten, Teig hineingeben und im Backofen auf mittlerer Schiene 30–35 Minuten backen. Mohn-Kirsch-Kuchen kurz abkühlen lassen und mit Puderzucker bestäubt servieren.

Pro Portion: 134 kcal, 2 g EW, 21 g KH, 4 g F, 1 g BST

Bunte Vanillepudding-Obst-Torte

Zubereitungszeit **25 Min.**
Garzeit **25 Min.**
Kühlzeit **60 Min.**
Für **12 Stücke**

5

3 Eier (Größe M)
110 g Zucker
1 Prise Salz
70 g Mehl
2 Päckchen Vanillepudding-pulver
1 TL Backpulver
je 80 g Himbeeren, Brombeeren und helle kernlose Weintrauben
1 Nektarine
400 g fettarme Milch
200 g Wasser
1 Päckchen ungezuckerter Tortenguss

1. Backofen auf 180° C (Gas: Stufe 2, Umluft: 160° C) vorheizen. Eier trennen. Rühraufsatz in den Mixtopf einsetzen, Eiklar, 20 g Zucker und Salz dazugeben, **3 Min./Stufe 4** steif schlagen und umfüllen. Rühraufsatz entfernen.

2. 60 g Zucker und Eigelbe in den Mixtopf geben und **1 Min./Stufe 4** verrühren. Mehl, 1 Päckchen Puddingpulver und Backpulver vermischen und mit Eischnee abwechselnd unter die Eigelbmasse heben. Teig in eine mit Backpapier ausgelegte Springform (Ø 26 cm) füllen, im Backofen auf mittlerer Schiene ca. 20 Minuten backen und im Backofen kurz abkühlen lassen.

3. Beeren und Weintrauben waschen und trocken tupfen. Nektarine waschen, halbieren, Stein entfernen und Nektarine in Spalten schneiden. Mixtopf ausspülen. Milch, 15 g Zucker und restliches Puddingpulver in den Mixtopf geben, anstelle des Messbechers Spritzschutz auf den Mixtopfdeckel legen und **7 Min./100° C/Stufe 2** aufkochen. Pudding auf dem Kuchen verstreichen und kurz abkühlen lassen. Obst auf dem Pudding verteilen.

4. Mixtopf ausspülen. Wasser, Tortenguss und 15 g Zucker in den Mixtopf geben, anstelle des Messbechers Spritzschutz auf den Mixtopfdeckel legen und **4 Min./100° C/Stufe 3** aufkochen. Tortenguss auf dem Kuchen verteilen, kurz abkühlen lassen, ca. 60 Minuten kalt stellen und servieren.

Pro Portion: 140 kcal, 4 g EW, 25 g KH, 2 g F, 1 g BST

Tiramisu-Rolle

Zubereitungszeit **20 Min.**
Backzeit **10 Min.**
Für **8 Scheiben**

5

5 Eiklar (Größe M)
105 g Puderzucker
1/4 TL Backpulver
1 Prise Salz
40 g Mehl
3 TL Kakaopulver
10 g Zartbitter-Schokolade
1 TL Instant-Kaffeepulver
1 TL heißes Wasser
125 g Magerquark
1 TL Marsala

1. Backofen auf 180° C (Gas: Stufe 2, Umluft: 160° C) vorheizen. Rühraufsatz in den Mixtopf einsetzen, Eiklar, 90 g Puderzucker, Backpulver und Salz dazugeben und **3 Min./Stufe 4** steif schlagen. Mehl und 2 TL Kakaopulver dazu sieben und mit dem Spatel unterheben.

2. Einen Backrahmen (ca. 20 x 30 cm) auf ein mit Backpapier ausgelegtes Backblech setzen, Teig darin verteilen und im Backofen auf mittlerer Schiene ca. 12 Minuten backen. Backrahmen entfernen. Biskuit auf ein mit restlichem Kakaopulver bestreutes Backpapier stürzen und mitgebackenes Backpapier abziehen. Biskuit samt Backpapier von der kurzen Seite her aufrollen und abkühlen lassen.

3. Mixtopf ausspülen. Schokolade in den Mixtopf geben, **15 Sek./Stufe 6** zerkleinern und umfüllen. Für die Creme Kaffeepulver mit Wasser verrühren und in den Mixtopf geben. Restlichen Puderzucker und Quark dazugeben und **10 Sek./Stufe 3** verrühren. Biskuit auseinanderrollen, mit Marsala beträufeln, mit Creme bestreichen und mit der Hälfte der Schokoladenraspel bestreuen. Biskuit erneut aufrollen, mit restlichen Schokoladenraspeln bestreuen und Tiramisu-Rolle servieren.

Pro Portion: 105 kcal, 6 g EW, 18 g KH, 1 g F, 1 g BST

Joghurt-Himbeer-Kuchen

Zubereitungszeit **15 Min.**
Backzeit **35 Min.**
Für **12 Stücke**

5

1/2 kleine unbehandelte Zitrone
3 Eier (Größe M)
80 g Halbfettmargarine
80 g Zucker
250 g Magermilchjoghurt
250 g Mehl
2 TL Backpulver
125 g Himbeeren
1 TL Puderzucker

1. Backofen auf 180° C (Gas: Stufe 2, Umluft: 160° C) vorheizen. Zitronenschale abreiben und Zitronenhälfte auspressen. Eier, Margarine und Zucker in den Mixtopf geben und **1 Min./Stufe 5** verrühren. Mischung mit dem Spatel nach unten schieben, Joghurt, Mehl, Backpulver und Zitronensaft zugeben und **20 Sek./Stufe 4** unterrühren. Himbeeren waschen und trocken tupfen.

2. Teig in eine mit Backpapier ausgelegte Springform (Ø 26 cm) füllen, Himbeeren in den Teig drücken und im Backofen auf mittlerer Schiene 30–35 Minuten backen. Joghurt-Himbeer-Kuchen kurz abkühlen lassen und mit Puderzucker und Zitronenschale garniert servieren.

Pro Portion: 160 kcal, 5 g EW, 24 g KH, 5 g F, 2 g BST

Bananen-Marmorkuchen

Zubereitungszeit **15 Min.**
Backzeit **50 Min.**
Für **12 Scheiben**

5

3 Bananen
2 Eier (Größe M)
1 TL Vanilleextrakt
110 g Halbfettmargarine
70 g brauner Zucker
225 g Mehl
2 TL Backpulver
25 g Kakaopulver

1. Backofen auf 180° C (Gas: Stufe 2, Umluft: 160° C) vorheizen. Bananen schälen, in Stücke schneiden, mit Eiern, Vanilleextrakt, Margarine und Zucker in den Mixtopf geben und **10 Sek./Stufe 3** verrühren. Mehl und Backpulver dazugeben und **8 Sek./Stufe 4** verrühren. Zwei Drittel des Teiges umfüllen. Kakaopulver zum restlichen Teig in den Mixtopf geben und **3 Sek./Stufe 4** verrühren.

2. Teige abwechselnd esslöffelweise in eine mit Backpapier ausgelegte Kastenform (Länge ca. 25 cm) füllen, mit einer Gabel marmorieren und im Backofen auf mittlerer Schiene ca. 50 Minuten backen. Marmorkuchen kurz in der Form abkühlen lassen, stürzen, in Scheiben schneiden und servieren.

Pro Portion: 178 kcal, 4 g EW, 27 g KH, 5 g F, 2 g BST

Titelrezept

Zwetschgen-Mandel-Torte

Zubereitungszeit **20 Min.**
Garzeit **25 Min.**
Kühlzeit **60 Min.**
Für **8 Stücke**

7

30 g Mandeln
50 g Halbfettmargarine
3 Eier (Größe M)
65 g Zucker
130 g Mehl
1 TL Backpulver
180 g Zwetschgen
60 g Schlagsahne, 30 % Fett
100 g Magerquark

1. Backofen auf 180° C (Gas: Stufe 2, Umluft: 160° C) vorheizen. 20 g Mandeln in den Mixtopf geben, **10 Sek./Stufe 10** mahlen und umfüllen. Margarine mit Eiern und 55 g Zucker in den Mixtopf geben und **1 Min./Stufe 4** verrühren. Gemahlene Mandeln, Mehl und Backpulver dazugeben und **20 Sek./Stufe 4** verrühren.

2. Teig in eine mit Backpapier ausgelegte Springform (Ø 20 cm) füllen. Zwetschgen waschen, halbieren, Steine entfernen und Zwetschgen mit der Schnittfläche nach oben auf dem Teig verteilen. Kuchen im Backofen auf mittlerer Schiene ca. 25 Minuten backen und ca. 60 Minuten abkühlen lassen.

3. Mixtopf ausspülen und Rühraufsatz einsetzen. Sahne mit restlichem Zucker in den Mixtopf geben und **1 Min./Stufe 3** verrühren. Quark dazugeben und **30 Sek./Stufe 3** verrühren. Creme umfüllen, Mixtopf ausspülen, restliche Mandeln in den Mixtopf geben und **3 Sek./Stufe 6** zerkleinern. Creme in einen Spritzbeutel geben, in Tupfen auf dem Kuchen verteilen und mit restlichen Mandeln bestreuen. Zwetschgen-Mandel-Torte in Stücke schneiden und servieren.

Pro Portion: 209 kcal, 7 g EW, 23 g KH, 9 g F, 2 g BST

Aprikosen-Kokos-Kuchen

Zubereitungszeit **20 Min.**
Backzeit **25 Min.**
Für **8 Stücke**

6

7 Aprikosen (alternativ Konserve ohne Zucker)
3 Eier (Größe M)
110 g Puderzucker
1 Prise Salz
60 g Mehl
35 g Speisestärke
1 TL Backpulver
3 EL Kokosraspel

1. Backofen auf 180° C (Gas: Stufe 2, Umluft: 160° C) vorheizen. Aprikosen waschen, halbieren und Steine entfernen. Eier trennen. Rühraufsatz in den Mixtopf einsetzen, Eiklar, 20 g Puderzucker und Salz dazugeben und **2 Min./Stufe 4** steif schlagen. Eischnee umfüllen und Rühraufsatz entfernen.

2. Eigelbe und 80 g Puderzucker in den Mixtopf geben und **2 Min./Stufe 3** verrühren. Mehl, Stärke und Backpulver vermischen, sieben und abwechselnd mit Eischnee und Kokosraspeln unter die Eigelbmischung heben.

3. Teig in einer mit Backpapier ausgelegten Auflaufform (ca. 20 x 30 cm) verteilen und Aprikosenhälften mit der Schnittfläche nach oben hineinsetzen. Kuchen im Backofen auf mittlerer Schiene ca. 25 Minuten backen. Aprikosen-Kokos-Kuchen abkühlen lassen, mit restlichem Puderzucker bestäuben, in Stücke schneiden und servieren.

Pro Portion: 167 kcal, 5 g EW, 27 g KH, 4 g F, 1 g BST

Gestürzter Birnenkuchen

Zubereitungszeit **15 Min.**
Garzeit **35 Min.**
Einweichzeit **10 Min.**
Für **12 Stücke**

5

1 EL geschrotete Leinsamen
1 EL Wasser
1 TL Zimt
70 g brauner Zucker
80 g vegane Halbfettmargarine
60 g Apfelmus ohne Zucker
140 g Haferdrink
170 g Mehl
1 TL Backpulver
2 Birnen
20 g Haselnüsse

1. Leinsamen mit Wasser verrühren und ca. 10 Minuten einweichen lassen. Zimt und 20 g Zucker vermischen und den Boden einer mit Backpapier ausgelegten Springform (Ø 26 cm) damit ausstreuen. Backofen auf 200° C (Gas: Stufe 3, Umluft: 180° C) vorheizen.

2. Margarine mit restlichem Zucker und Apfelmus in den Mixtopf geben und **20 Sek./Stufe 3** verrühren. Haferdrink, Mehl, Backpulver und Leinsamenmischung dazugeben und **20 Sek./Stufe 3** verrühren. Birnen waschen, vierteln, entkernen, in dünne Spalten schneiden und in der Springform verteilen. Teig darübergießen und Kuchen im Backofen auf mittlerer Schiene 30–35 Minuten backen.

3. Haselnüsse in den Mixtopf geben und **8 Sek./Stufe 6** zerkleinern. Haselnüsse in einer Pfanne auf mittlerer Stufe 2–3 Minuten rösten. Birnenkuchen abkühlen lassen, stürzen, mit Haselnüssen bestreuen und servieren.

Pro Portion: 137 kcal, 2 g EW, 22 g KH, 4 g F, 2 g BST

Kirsch-Streusel-Blechkuchen

Zubereitungszeit **15 Min.**
Garzeit **35 Min.**
Für **12 Stücke**

6

1 Vanilleschote
150 g vegane Halbfettmargarine
65 g Zucker
300 g Mehl
1 TL Backpulver
1 Prise Salz
2 Gläser Sauerkirschen (Konserve ohne Zucker, à 185 g Abtropfgewicht)
1 EL Speisestärke
1 TL Zimt

1. Vanilleschote längs aufschneiden und das Mark herauskratzen. Margarine, 60 g Zucker, Mehl, Backpulver, die Hälfte des Vanillemarks und Salz zugeben und **15 Sek./Stufe 6** zu Streuseln vermischen. Streusel umfüllen und kalt stellen.

2. Mixtopf ausspülen. Kirschen abtropfen lassen und dabei 100 ml Saft auffangen. Kirschen, -saft, Stärke, Zimt, restliches Vanillemark und restlichen Zucker in den Mixtopf geben, anstelle des Messbechers Spritzschutz auf den Mixtopfdeckel legen und **8 Min./100° C/Linkslauf/Stufe 1** aufkochen. Backofen auf 180° C (Gas: Stufe 2, Umluft: 160° C) vorheizen.

3. Zwei Drittel der Streuselmischung auf ein mit Backpapier ausgelegtes Backblech oder in eine Auflaufform (ca. 25 x 25 cm) geben und festdrücken. Kirschsauce auf dem Teig verteilen und restliche Streusel darüberbröseln. Kirsch-Streusel-Blechkuchen im Backofen auf mittlerer Schiene ca. 25 Minuten backen, in Stücke schneiden und servieren.

Pro Portion: 167 kcal, 3 g EW, 26 g KH, 5 g F, 1 g BST

Saftiger Apfel-Walnuss-Dinkelkuchen

Zubereitungszeit **15 Min.**
Backzeit **50 Min.**
Für **16 Stücke**

3

40 g Walnüsse
2 große süßliche Äpfel (z. B. Gala)
60 g Halbfettmargarine
60 g Zucker
3 Eier (Größe M)
150 g fettarme Milch
180 g Dinkelvollkornmehl
1 TL Backpulver

1. Backofen auf 180° C (Gas: Stufe 2, Umluft: 160° C) vorheizen. Walnüsse in den Mixtopf geben, **5 Sek./Stufe 6** zerkleinern und umfüllen. Äpfel waschen, vierteln, entkernen, ein Viertel in feine Spalten schneiden und beiseitestellen. Restliche Apfelstücke in den Mixtopf geben, **3 Sek./Stufe 4** zerkleinern und umfüllen.

2. Margarine mit Zucker und Eiern in den Mixtopf geben und **1 Min./Stufe 4** verrühren. Milch, Mehl und Backpulver zugeben und **20 Sek./Stufe 4** verrühren. Apfelstücke und 25 g Walnüsse mit dem Spatel unter den Teig heben.

3. Teig in eine mit Backpapier ausgelegte Kastenform (Länge ca. 30 cm) füllen, mit Apfelspalten belegen, mit restlichen Walnüssen bestreuen und im Backofen auf mittlerer Schiene ca. 50 Minuten backen. Apfel-Walnuss-Dinkelkuchen abkühlen lassen, in Stücke schneiden und servieren.

Pro Portion: 112 kcal, 4 g EW, 15 g KH, 5 g F, 2 g BST

Brombeerkuchen mit Baiserhaube

Zubereitungszeit **20 Min.**
Backzeit **25 Min.**
Für **8 Stücke**

5

3 Eier (Größe M)
65 g Zucker
1 Prise Salz
50 g Halbfettmargarine
100 g Mehl
1 TL Backpulver
100 g Brombeeren
1 EL Mandelstifte
1 TL Puderzucker

1. Backofen auf 180° C (Gas: Stufe 2, Umluft: 160° C) vorheizen. 2 Eier trennen und Eiklar beiseitestellen. 35 g Zucker, Eigelbe, restliches Ei, Salz und Margarine in den Mixtopf geben und **30 Sek./Stufe 3** verrühren. Mehl und Backpulver dazugeben und **30 Sek./Stufe 3** verrühren.

2. Teig in eine mit Backpapier ausgelegte Springform (Ø 20 cm) füllen. Brombeeren waschen, trocken tupfen und auf dem Teig verteilen. Kuchen im Backofen auf mittlerer Schiene ca. 10 Minuten backen.

3. Mixtopf ausspülen und Rühraufsatz einsetzen. Eiklar mit restlichem Zucker in den Mixtopf geben und **2 Min./Stufe 4** steif schlagen. Eischneemasse auf dem Kuchen verteilen und mit Mandelstiften bestreuen. Brombeerkuchen mit Baiserhaube auf oberster Schiene ca. 15 Minuten fertig backen, abkühlen lassen, in Stücke schneiden und mit Puderzucker bestäubt servieren.

Pro Portion: 148 kcal, 5 g EW, 19 g KH, 6 g F, 1 g BST

Zimtschnecken-Torte mit Mokkaglasur

Zubereitungszeit **20 Min.**
Garzeit **25 Min.**
Gehzeit **60 Min.**
Für **8 Stücke**

7

300 g Mehl
25 g Zucker
150 g fettarme Milch
1/2 Würfel Hefe
50 g Halbfettmargarine
1 Prise Salz
1 Päckchen Vanillezucker
1 1/2 TL Zimt
1 TL Instant-Kaffeepulver
1 TL Kakaopulver
35 g Schmand
10 g Schokodrops

1. 295 g Mehl, 15 g Zucker, Milch, Hefe, 20 g Margarine und Salz in den Mixtopf geben und **3 Min./Teigknetstufe** kneten. Teig in eine Schüssel geben und abgedeckt ca. 50 Minuten gehen lassen. Für die Füllung 25 g Margarine schmelzen und mit Vanillezucker und 1 TL Zimt verrühren.

2. Backofen auf 180° C (Gas: Stufe 2, Umluft: 160° C) vorheizen. Eine Springform (Ø 20 cm) mit restlicher Margarine einpinseln. Arbeitsfläche mit restlichem Mehl bestäuben, Teig darauf rechteckig (ca. 30 x 40 cm) ausrollen und mit Füllung bestreichen. Teig in ca. 3 cm breite Streifen schneiden, einen Streifen aufrollen und mittig in die Springform setzen. Restliche Streifen darum herumwickeln, Zimtschnecke weitere ca. 10 Minuten gehen lassen und im Backofen auf mittlerer Schiene 20–25 Minuten backen.

3. Mixtopf ausspülen. Restlichen Zucker mit Kaffeepulver, Kakaopulver, restlichem Zimt und Schmand in den Mixtopf geben und **30 Sek./Stufe 3** verrühren. Zimtschneckentorte kurz abkühlen lassen, mit Mokkaglasur beträufeln und mit Schokodrops garnieren. Guten Appetit!

Pro Portion: 199 kcal, 5 g EW, 33 g KH, 5 g F, 2 g BST

Mango-Marmor-Gugelhupf

Zubereitungszeit **15 Min.**
Backzeit **40 Min.**
Für **16 Stücke**

4

1 kleine Mango (ca. 200 g)
160 g Halbfettmargarine
55 g Zucker
1 Päckchen Vanillezucker
3 Eier (Größe M)
80 g fettarme Milch
220 g Mehl
2 TL Backpulver
1 EL Kakaopulver
1 TL Puderzucker

1. Backofen auf 180° C (Gas: Stufe 2, Umluft: 160° C) vorheizen. Mango schälen, das Fruchtfleisch vom Stein schneiden und Mango würfeln. Eine Gugelhupfform (Ø 23 cm) mit 1 TL Margarine fetten. Restliche Margarine mit Zucker und Vanillezucker in den Mixtopf geben, **30 Sek./Stufe 5** verrühren und mit dem Spatel nach unten schieben. Eier dazugeben, **30 Sek./Stufe 5** verrühren und mit dem Spatel nach unten schieben. 50 g Milch, Mehl und Backpulver zugeben und **20 Sek./Stufe 4** verrühren.

2. Die Hälfte des Teigs herausnehmen und Mango unterheben. Kakaopulver und restliche Milch in den Mixtopf geben, **20 Sek./Stufe 4** verrühren und dunklen Teig in die Gugelhupfform füllen. Hellen Teig daraufgeben und mit einer Gabel marmorieren. Mango-Marmor-Gugelhupf im Backofen auf mittlerer Schiene ca. 40 Minuten backen, abkühlen lassen, stürzen, mit Puderzucker bestäuben und servieren.

Pro Portion: 130 kcal, 3 g EW, 16 g KH, 6 g F, 1 g BST

Vanillebiskuit mit Mandarinencreme

Zubereitungszeit **20 Min.**
Backzeit **20 Min.**
Kühlzeit **90 Min.**
Für **8 Stücke**

6

1 Vanilleschote
3 Eier (Größe M)
85 g Zucker
1 Prise Salz
80 g Mehl
1 TL Backpulver
1 Dose Mandarinen ohne Zucker (170 g Abtropfgewicht)
60 g Schlagsahne, 30 % Fett
150 g Skyr, Natur
1 Päckchen Sahnesteif

1. Backofen auf 180° C (Gas: Stufe 2, Umluft: 160° C) vorheizen. Vanilleschote längs aufschneiden und das Mark herauskratzen. Rühraufsatz in den Mixtopf einsetzen, Vanillemark, Eier, 75 g Zucker und Salz dazugeben, **7 Min./ Stufe 4** cremig rühren und mit dem Spatel nach unten schieben.

2. Mehl und Backpulver in den Mixtopf geben und **20 Sek./ Stufe 3** verrühren. Rühraufsatz entfernen. Teig mit dem Spatel durchrühren, in eine mit Backpapier ausgelegte Springform (Ø 20 cm) füllen, im Backofen auf mittlerer Schiene ca. 20 Minuten backen und ca. 30 Minuten abkühlen lassen.

3. Mixtopf kalt ausspülen und Rühraufsatz einsetzen. Mandarinen abgießen, dabei 40 g Saft auffangen und 60 g Mandarinen beiseitestellen. Sahne und restlichen Zucker in den Mixtopf geben und **1 Min./Stufe 4** aufschlagen. Rühraufsatz entfernen, Skyr, Sahnesteif und restliche Mandarinen in den Mixtopf geben und **20 Sek./Linkslauf/ Stufe 3** verrühren.

4. Biskuit waagerecht durchschneiden. Biskuitböden mit Mandarinensaft beträufeln, unteren Biskuitboden mit zwei Dritteln der Creme bestreichen, oberen Biskuitboden daraufsetzen, mit restlicher Creme bestreichen und mit Mandarinen belegen. Vanillebiskuit ca. 60 Minuten kalt stellen und nach Wunsch mit Minze garniert servieren.

Pro Portion: 157 kcal, 6 g EW, 21 g KH, 5 g F, 1 g BST

Käsekuchen ohne Boden

Zubereitungszeit **15 Min.**
Backzeit **90 Min.**
Kühlzeit **2 Std.**
Für **12 Stücke**

5

3 Eier (Größe M)
1 Päckchen Vanillezucker
1 Prise Salz
100 g Zucker
100 g Halbfettmargarine
500 g Magerquark
250 g Frischkäse,
bis 5 % Fett absolut
2 EL Zitronensaft
1 Päckchen Vanillepudding-pulver
1 Päckchen Backpulver

1. Backofen auf 160° C (Gas: Stufe 1, Umluft: 140° C) vorheizen. Eier trennen. Rühraufsatz in den Mixtopf einsetzen, Eiklar, Vanillezucker und Salz dazugeben, **3 Min./Stufe 4** steif schlagen und umfüllen. Rühraufsatz entfernen.

2. Zucker, 90 g Margarine und Eigelbe in den Mixtopf geben und **1 Min./Stufe 4** verrühren. Quark, Frischkäse, Zitronensaft, Vanillepuddingpulver und Backpulver dazugeben und **30 Sek./Stufe 5** verrühren. Eischnee vorsichtig mit dem Spatel unterheben.

3. Eine Springform (Ø 26 cm) mit restlicher Margarine fetten und Teig einfüllen. Kuchen im Backofen auf mittlerer Schiene ca. 90 Minuten backen, dabei nach ca. 45 Minuten mit Alufolie abdecken. Käsekuchen im Backofen ca. 2 Stunden abkühlen lassen, in Stücke schneiden und nach Wunsch mit Obst garniert servieren.

Pro Portion: 151 kcal, 9 g EW, 15 g KH, 6 g F, 0 g BST

No Bake Cakes

Beerentorte mit knusprigem Müsliboden

Zubereitungszeit **25 Min.**
Garzeit **5 Min.**
Kühlzeit **75 Min.**
Für **10 Stücke**

6

120 g Früchtemüsli (Fertigprodukt)
50 g Halbfettmargarine
50 g weiße Schokolade
200 g Himbeeren
2 Päckchen Vanillezucker
70 g Schmand
200 g Frischkäse, bis 5 % Fett absolut
1 Päckchen Gelatine-Fix
200 g gemischte Beeren

1. Müsli in den Mixtopf geben und **6 Sek./Stufe 6** zerkleinern. Margarine dazugeben und **3 Min./50° C/Stufe 2** schmelzen. Müslimasse in einer mit Backpapier ausgelegten Springform (Ø 22 cm) verteilen, fest andrücken und ca. 15 Minuten kalt stellen. Mixtopf ausspülen.

2. Schokolade in Stücke schneiden, in den Mixtopf geben und **2 Min./50° C/Stufe 1** schmelzen. Himbeeren waschen, trocken tupfen, mit Vanillezucker in den Mixtopf geben und **1 Min./50° C/Stufe 2** pürieren. Schmand, Frischkäse und Gelatine-Fix zufügen und **20 Sek./Stufe 3** verrühren.

3. Himbeercreme auf dem Müsliboden verteilen und ca. 60 Minuten kalt stellen. Beeren waschen, trocken tupfen, Torte damit garnieren, in Stücke schneiden und servieren.

Pro Portion: 151 kcal, 5 g EW, 15 g KH, 7 g F, 4 g BST

Titelrezept

Sommerliche Zitronen-Joghurt-Torte

Zubereitungszeit **20 Min.**
Garzeit **5 Min.**
Kühlzeit **75 Min.**
Für **8 Stücke**

4

80 g Vollkornkekse
40 g Halbfettmargarine
1 unbehandelte Zitrone
130 g Wasser
6 g Agar Agar
200 g Frischkäse, bis 5 % Fett absolut
100 g fettarmer Joghurt
2 Päckchen Vanillezucker

1. Kekse in den Mixtopf geben und **6 Sek./Stufe 6** zerkleinern. Margarine dazugeben und **3 Min./50° C/Stufe 2** schmelzen. Keksmasse in einer mit Backpapier ausgelegten Springform (Ø 20 cm) verteilen. Masse fest andrücken und ca. 15 Minuten kalt stellen. Mixtopf ausspülen.

2. 1 TL Zitronenschale abreiben, eine Zitronenhälfte auspressen und restliche Zitrone in dünne Scheiben schneiden. Zitronensaft in den Mixtopf geben und mit Wasser auf 150 g auffüllen. Agar Agar dazugeben und **2 Min./100° C/Stufe 2** aufkochen. Zitronenschale, Frischkäse, Joghurt und Vanillezucker dazugeben und **20 Sek./Stufe 3** verrühren.

3. Zitronencreme auf dem Keksboden verteilen und ca. 60 Minuten kalt stellen. Zitronen-Joghurt-Torte mit Zitronenscheiben garnieren, in Stücke schneiden und genießen.

Pro Portion: 107 kcal, 4 g EW, 11 g KH, 5 g F, 2 g BST

Nach Geschmack

Die Schale der Zitronenscheiben kann mitgegessen werden. Wer den leicht bitteren Geschmack nicht mag, kann die Zitrone vorher filetieren oder auch anderes Sommerobst zum Garnieren verwenden.

Schokopudding-Mandel-Torte

Zubereitungszeit **20 Min.**
Garzeit **10 Min.**
Kühlzeit **75 Min.**
Für **8 Stücke**

6

30 g Mandeln
70 g Zwieback
50 g Halbfettmargarine
40 g Zartbitter-Schokolade
300 g fettarme Milch
1 Ei (Größe M)
1 EL Zucker
10 g Kakaopulver
20 g Speisestärke

1. Mandeln in den Mixtopf geben und **3 Sek./Stufe 6** zerkleinern. 1 EL Mandeln herausnehmen und beiseitestellen. Zwieback in den Mixtopf geben und **5 Sek./Stufe 6** zerkleinern. Margarine zufügen und **3 Min./50° C/Stufe 2** schmelzen. Zwiebackmasse in einer mit Backpapier ausgelegten Springform (Ø 20 cm) verteilen, Masse fest andrücken und ca. 15 Minuten kalt stellen. Mixtopf ausspülen.

2. Schokolade in Stücke schneiden, in den Mixtopf geben und **2 Min./50° C/Stufe 1** schmelzen. Milch, Ei, Zucker, Kakaopulver und Stärke dazugeben und **6 Min./98° C/Linkslauf/Stufe 3** kochen.

3. Pudding auf dem Boden verteilen, mit restlichen Mandeln bestreuen und ca. 60 Minuten kalt stellen. Schokopudding-Mandel-Torte in Stücke schneiden und servieren.

Pro Portion: 158 kcal, 5 g EW, 15 g KH, 9 g F, 2 g BST

Kokos-Cheesecake

Zubereitungszeit **20 Min.**
Garzeit **5 Min.**
Kühlzeit **75 Min.**
Für **9 Stücke**

7

3 TL Kokosraspel
100 g Löffelbiskuits
50 g Halbfettmargarine
60 g Zucker
350 g Frischkäse,
bis 5 % Fett absolut
2 EL fettreduzierte Kokosmilch
2 Päckchen Sahnesteif
1 TL gehackte Pistazien

1. Kokosraspel fettfrei in einer Pfanne auf mittlerer Stufe 2–3 Minuten rösten. Löffelbiskuits in den Mixtopf geben und **6 Sek./Stufe 6** zerkleinern. Margarine und 2 TL Kokosraspel dazugeben und **3 Min./50° C/Stufe 2** schmelzen. Keksmasse in einer mit Backpapier ausgelegten Auflaufform (ca. 20 x 20 cm) verteilen, fest andrücken und ca. 15 Minuten kalt stellen. Mixtopf ausspülen.

2. Zucker in den Mixtopf geben, **15 Sek./Stufe 10** pulverisieren und mit dem Spatel nach unten schieben. Frischkäse, Kokosmilch und Sahnesteif dazugeben und **10 Sek./Stufe 3** verrühren.

3. Frischkäsecreme auf dem Keksboden verteilen und ca. 60 Minuten kalt stellen. Restliche Kokosraspel mit Pistazien auf dem Cheesecake verteilen, in Stücke schneiden und servieren.

Pro Portion: 148 kcal, 5 g EW, 19 g KH, 6 g F, 1 g BST

Erdbeer-Mojito-Torte

Zubereitungszeit **25 Min.**
Garzeit **5 Min.**
Kühlzeit **75 Min.**
Für **10 Stücke**

5

1 unbehandelte Limette
80 g Löffelbiskuits
40 g Halbfettmargarine
150 g Erdbeeren
4 Stängel Minze
30 g brauner Zucker
1 EL weißer Rum
100 g Schlagsahne, 30 % Fett
1 Päckchen Sahnesteif
200 g Magerquark

1. 2 TL Limettenschale abreiben, eine Limettenhälfte auspressen und restliche Limettenhälfte in Spalten schneiden. Löffelbiskuits in den Mixtopf geben und **6 Sek./Stufe 6** zerkleinern. Margarine und Limettenschale dazugeben und **3 Min./50° C/Stufe 2** schmelzen. Keksmasse in einer mit Backpapier ausgelegten Springform (Ø 22 cm) verteilen, fest andrücken und ca. 15 Minuten kalt stellen. Mixtopf ausspülen.

2. Erdbeeren waschen und trocken tupfen. Minze waschen, trocken schütteln, einige Blätter abzupfen und beiseitestellen. Restliche Minze mit 80 g Erdbeeren, 15 g Zucker, Limettensaft und Rum in den Mixtopf geben und **3 Sek./Stufe 5** zerkleinern. Erdbeer-Rum-Mischung umfüllen und Mixtopf kalt ausspülen.

3. Rühraufsatz in den Mixtopf setzen, Sahne, restlichen Zucker und Sahnesteif dazugeben und **40 Sek./Stufe 3** aufschlagen. Rühraufsatz entfernen, Quark und Erdbeer-Rum-Mischung mit in den Mixtopf geben und **10 Sek./Stufe 2** verrühren. Creme auf dem Keksboden verteilen und ca. 60 Minuten kalt stellen.

4. Restliche Erdbeeren vierteln. Erdbeer-Mojito-Torte mit Minzblättern, Erdbeeren und Limettenspalten garnieren, in Stücke schneiden und servieren.

Pro Portion: 115 kcal, 3 g EW, 12 g KH, 5 g F, 1 g BST

Waldmeister-Schmand-Torte

Zubereitungszeit **25 Min.**
Garzeit **10 Min.**
Kühlzeit **90 Min.**
Für **10 Stücke**

7

1 Päckchen Waldmeister-Götterspeise zum Kochen (Instantpulver)
250 g Wasser
1 EL Zucker
120 g Haferkekse
50 g Halbfettmargarine
120 g Schlagsahne, 30 % Fett
70 g Schmand
250 g Heidelbeeren
10 essbare Blüten (alternativ Waldmeister)

1. Götterspeise, Wasser und Zucker in den Mixtopf geben, **5 Min./90° C/Stufe 1** verrühren, umfüllen und ca. 30 Minuten kalt stellen. Mixtopf ausspülen, Kekse in den Mixtopf geben und **6 Sek./Stufe 6** zerkleinern. Margarine dazugeben und **3 Min./50° C/Stufe 2** schmelzen. Keksmasse in einer mit Backpapier ausgelegten Springform (Ø 22 cm) verteilen, fest andrücken und ca. 15 Minuten kalt stellen.

2. Mixtopf kalt ausspülen und Rühraufsatz einsetzen. Sahne in den Mixtopf geben und **1 Min./Stufe 3** aufschlagen. Rühraufsatz entfernen, Götterspeise und Schmand in den Mixtopf geben und **20 Sek./Stufe 2** verrühren.

3. Heidelbeeren waschen, trocken tupfen, unter die Creme heben und Creme auf dem Keksboden verteilen. Waldmeister-Schmand-Torte ca. 60 Minuten kalt stellen, mit restlichen Heidelbeeren und Blüten garnieren, in Stücke schneiden und servieren.

Pro Portion: 152 kcal, 3 g EW, 12 g KH, 10 g F, 2 g BST

Brote & Brötchen

Roggen-Sauerteig-Brot mit Malzbier

Zubereitungszeit **10 Min.**
Backzeit **50 Min.**
Gehzeit **60 Min.**
Für **20 Scheiben**

3

250 g Roggenkörner
350 g Weizenkörner
1 Päckchen Trockenhefe
15 g Roggen-Sauerteigextrakt
200 g Malzbier
180 g Wasser
2 TL Salz
2 TL Rapsöl

1. Roggenkörner in den Mixtopf geben, **40 Sek./Stufe 10** mahlen und umfüllen. Weizenkörner in den Mixtopf geben und **40 Sek./Stufe 10** mahlen. 1 EL herausnehmen und beiseitestellen. Roggenmehl, Hefe, Sauerteigextrakt, Malzbier, Wasser und Salz dazugeben und **3 Min./Teigknetstufe** kneten. Eine Kastenform (Länge ca. 30 cm) mit Öl bepinseln, Teig hineingeben, glatt verstreichen und abgedeckt an einem warmen Ort ca. 60 Minuten gehen lassen.

2. Backofen auf 200° C (Gas: Stufe 3, Umluft: 180° C) vorheizen. Oberfläche schräg mehrfach einritzen, mit restlichem Mehl bestäuben und im Backofen auf unterer Schiene 45–50 Minuten backen. Roggen-Sauerteig-Brot abkühlen lassen, in Scheiben schneiden und servieren.

Pro Portion: 112 kcal, 3 g EW, 22 g KH, 1 g F, 2 g BST

Laugen-Burgerbrötchen

Zubereitungszeit **15 Min.**
Backzeit **25 Min.**
Gehzeit **60 Min.**
Für **4 Stück**

6

230 g Mehl
1/2 Würfel Hefe
1 Prise Zucker
1125 g Wasser
10 g vegane Halbfettmargarine
2 TL Salz
2 TL Natron
1/2 TL grobes Meersalz

1. 220 g Mehl, Hefe, Zucker, 125 g Wasser, Margarine und 1 TL Salz in den Mixtopf geben und **2 Min./Teigknetstufe** kneten. Teig in eine Schüssel geben und abgedeckt an einem warmen Ort ca. 30 Minuten gehen lassen.

2. Arbeitsfläche mit restlichem Mehl bestäuben, Teig darauf kurz durchkneten, in 4 Teile teilen und zu Kugeln formen. Restliches Wasser mit Natron und restlichem Salz in einem Topf auf hoher Stufe aufkochen und auf niedriger Stufe warm halten. Brötchen ca. 20 Sekunden in Natronwasser eintauchen, auf ein mit Backpapier ausgelegtes Backblech legen und abgedeckt weitere ca. 30 Minuten gehen lassen.

3. Backofen auf 180° C (Gas: Stufe 2, Umluft: 160° C) vorheizen. Brötchen mit Meersalz bestreuen, im Backofen auf mittlerer Schiene 20–25 Minuten backen und genießen.

Pro Portion: 212 kcal, 7 g EW, 41 g KH, 2 g F, 3 g BST

Dattel-Walnuss-Brot

Zubereitungszeit **20 Min.**
Backzeit **60 Min.**
Für **12 Scheiben**

5

40 g Zucker
75 g getrocknete Aprikosen
75 g getrocknete Datteln
35 g Walnüsse
300 g Mehl
2 TL Backpulver
1 TL Zimt
185 g fettarme Milch
2 Eier (Größe M)
300 g Magermilchjoghurt

1. Backofen auf 180° C (Gas: Stufe 2, Umluft: 160° C) vorheizen. Zucker in den Mixtopf geben, **6 Sek./Stufe 10** pulverisieren und mit dem Spatel nach unten schieben. Aprikosen, Datteln und Walnüsse dazugeben und **6 Sek./Stufe 6** zerkleinern.

2. Mehl, Backpulver und Zimt in den Mixtopf geben und **5 Sek./Stufe 2** vermischen. Milch, Eier und Joghurt dazugeben und **20 Sek./Stufe 2** verrühren. Teig in eine mit Backpapier ausgelegte Kastenform (Länge ca. 25 cm) füllen und im Backofen auf mittlerer Schiene ca. 60 Minuten backen, dabei nach ca. 30 Minuten mit Alufolie abdecken. Dattel-Walnuss-Brot kurz in der Form abkühlen lassen, stürzen, in Scheiben schneiden und servieren.

Pro Portion: 186 kcal, 7 g EW, 31 g KH, 4 g F, 2 g BST

Süß trifft herzhaft

Wer die Kombi mag: Das süße Brot schmeckt herzhaft belegt mit Käse oder Schinken besonders gut!

Schnelle Haferflocken-Quark-Brötchen

Zubereitungszeit **10 Min.**
Backzeit **25 Min.**
Für **4 Stück**

4

150 g kernige Haferflocken
120 g Magerquark
1 Ei (Größe M)
15 g Sonnenblumenkerne
15 g Leinsamen
1 TL Backpulver
1 Msp. Salz

1. Backofen auf 180° C (Gas: Stufe 2, Umluft: 160° C) vorheizen. Haferflocken in den Mixtopf geben und **10 Sek./Stufe 6** zerkleinern. Quark, Ei, Sonnenblumenkerne, 10 g Leinsamen, Backpulver und Salz dazugeben und **30 Sek./Stufe 3** verrühren.

2. Aus dem Teig mit feuchten Händen 4 Brötchen formen, auf ein mit Backpapier ausgelegtes Backblech legen und mit restlichen Leinsamen bestreuen. Haferflocken-Quark-Brötchen im Backofen auf mittlerer Schiene 20–25 Minuten backen und servieren.

Pro Portion: 217 kcal, 12 g EW, 24 g KH, 7 g F, 5 g BST

Verdoppelt

Das Familienfrühstück steht an? Auch die doppelte Menge Teig lässt sich problemlos im Thermomix zubereiten.

Tomaten-Falten-Brot

Zubereitungszeit **20 Min.**
Backzeit **30 Min.**
Gehzeit **60 Min.**
Für **14 Stücke**

4

200 g Wasser
1/2 Würfel Hefe
1 Prise Zucker
410 g Mehl
Salz, Pfeffer
1 EL Olivenöl
1 kleine rote Zwiebel
3 Stängel Basilikum
50 g getrocknete Tomaten ohne Öl
1 Knoblauchzehe
70 g vegane Halbfettmargarine
1 EL Tomatenmark

1. Wasser, Hefe und Zucker in den Mixtopf geben und **2 Min./ 37° C/Stufe 2** erwärmen. 400 g Mehl, 1 TL Salz und Öl zugeben und **2 Min./Teigknetstufe** kneten. Teig in eine Schüssel geben und abgedeckt an einem warmen Ort ca. 45 Minuten gehen lassen. Mixtopf ausspülen.

2. Für die Tomatenmargarine Zwiebel schälen und halbieren. Basilikum waschen und trocken schütteln. Tomaten mit Knoblauch, Zwiebel und Basilikum in den Mixtopf geben, **8 Sek./Stufe 5** zerkleinern und mit dem Spatel nach unten schieben. 60 g Margarine, Salz und Pfeffer zugeben und **10 Sek./Stufe 4** vermischen.

3. Eine Springform (Ø 26 cm) mit restlicher Margarine einpinseln. Arbeitsfläche mit restlichem Mehl bestäuben und Teig darauf rechteckig (ca. 35 x 55 cm) ausrollen. Tomatenmargarine darauf verstreichen und in 14 ca. 4 cm breite Streifen schneiden. Streifen halbieren, ziehharmonikaförmig auffalten, aufrecht nebeneinander in der Springform verteilen und ca. 15 Minuten gehen lassen.

4. Backofen auf 200° C (Gas: Stufe 3, Umluft: 180° C) vorheizen. Tomaten-Falten-Brot im Backofen auf mittlerer Schiene 25–30 Minuten backen, kurz abkühlen lassen und genießen.

Pro Portion: 137 kcal, 4 g EW, 22 g KH, 3 g F, 2 g BST

Zwiebelbrot

Zubereitungszeit **10 Min.**
Backzeit **45 Min.**
Gehzeit **60 Min.**
Für **16 Scheiben**

3

je 1 weiße und rote Zwiebel
200 g Roggenmehl
300 g Weizenmehl
1/2 Würfel Hefe
1 Prise Zucker
40 g vegane Halbfettmargarine
250 g Wasser
2 TL Salz
1 TL Brotgewürz

1. Zwiebeln schälen, halbieren, in den Mixtopf geben, **5 Sek./ Stufe 5** zerkleinern und umfüllen. Mehle, Hefe, Zucker, 30 g Margarine, Wasser, Salz und Brotgewürz in den Mixtopf geben und **3 Min./Teigknetstufe** kneten. Zwiebeln zufügen und **1 Min./Teigknetstufe** kneten.

2. Eine Kastenform (Länge ca. 25 cm) mit restlicher Margarine fetten, Teig hineingeben, glatt verstreichen und abgedeckt an einem warmen Ort ca. 60 Minuten gehen lassen.

3. Backofen auf 200° C (Gas: Stufe 3, Umluft: 180° C) vorheizen. Zwiebelbrot im Backofen auf unterer Schiene 40–45 Minuten backen, abkühlen lassen, in Scheiben schneiden und servieren.

Pro Portion: 116 kcal, 3 g EW, 22 g KH, 1 g F, 2 g BST

Einfach selbstgemacht

Brotgewürz kannst du ganz einfach aus Koriander, Fenchelsamen, Anis und Kümmel herstellen – alles im Thermomix 30 Sek./ Stufe 10 mahlen, fertig!

Haferflocken-Rosmarin-Brot

Zubereitungszeit **10 Min.**
Backzeit **60 Min.**
Für **12 Scheiben**

2

220 g kernige Haferflocken
15 g Sonnenblumenkerne
15 g Kürbiskerne
1 TL Backpulver
1/2 TL Salz
400 g griechischer Joghurt, Natur, bis 0,2 % Fett
1 Ei (Größe M)
2 TL gehackter Rosmarin

1. Backofen auf 200° C (Gas: Stufe 3, Umluft: 180° C) vorheizen. 70 g Haferflocken in den Mixtopf geben und **20 Sek./Stufe 6** zerkleinern. Restliche Haferflocken, Sonnenblumenkerne, Kürbiskerne, Backpulver, Salz, Joghurt, Ei und Rosmarin dazugeben und **40 Sek./Linkslauf/Stufe 2** verrühren.

2. Teig in eine mit Backpapier ausgelegte Kastenform (Länge ca. 25 cm) füllen, mit Alufolie abdecken und im Backofen auf mittlerer Schiene ca. 30 Minuten backen.

3. Backofentemperatur auf 180° C (Gas: Stufe 2, Umluft: 160° C) reduzieren, Folie entfernen und Brot weitere ca. 30 Minuten backen. Haferflocken-Rosmarin-Brot kurz in der Form abkühlen lassen, in Scheiben schneiden und warm servieren.

Pro Portion: 109 kcal, 7 g EW, 13 g KH, 3 g F, 2 g BST

Mediterranes Ciabatta-Baguette

Zubereitungszeit **10 Min.**
Backzeit **30 Min.**
Gehzeit **60 Min.**
Für **16 Scheiben**

2

360 g Mehl
300 g Wasser
1 Päckchen Trockenhefe
1 Prise Zucker
1 TL Salz
2 TL Olivenöl
je 1 TL getrockneter Oregano, Thymian und Rosmarin

1. 355 g Mehl, 200 g Wasser, Hefe, Zucker, Salz, Öl, Oregano, Thymian und Rosmarin in den Mixtopf geben und **2 Min./ Teigknetstufe** kneten. Teig in eine Schüssel geben und abgedeckt ca. 50 Minuten gehen lassen.

2. Arbeitsfläche mit restlichem Mehl bestäuben und Teig darauf zu einem Baguette (Länge ca. 40 cm) formen. Baguette auf ein Baguetteblech oder ein mit Backpapier ausgelegtes Backblech legen und weitere ca. 10 Minuten gehen lassen.

3. Backofen auf 220° C (Gas: Stufe 4, Umluft: 200° C) vorheizen. Baguette mehrfach schräg einschneiden und im Backofen auf mittlerer Schiene 25–30 Minuten backen, dabei eine feuerfeste Schale mit restlichem Wasser in den Ofen stellen. Baguette kurz abkühlen lassen und in Scheiben schneiden. Enjoy!

Pro Portion: 85 kcal, 3 g EW, 16 g KH, 1 g F, 1 g BST

Hot Cross Buns

Zubereitungszeit **25 Min.**
Backzeit **20 Min.**
Gehzeit **90 Min.**
Für **12 Stück**

7

500 g Mehl
1/2 TL Zimt
je 1 Msp. gemahlene Nelken und Piment
1 Msp. geriebene Muskatnuss
1 Päckchen Trockenhefe
65 g brauner Zucker
125 g fettarme Milch
120 g Wasser
1 Ei (Größe M)
85 g Sultaninen
40 g Korinthen
1 TL Rapsöl
2 EL kalorienreduzierte Aprikosenkonfitüre

1. 450 g Mehl, Zimt, Nelken, Piment, Muskatnuss, Hefe, 55 g Zucker, Milch, 80 g Wasser und Ei in den Mixtopf geben und **2 Min./Teigknetstufe** kneten. Teig in eine Schüssel geben, Sultaninen und Korinthen mit der Hand unterkneten und abgedeckt an einem warmen Ort ca. 60 Minuten gehen lassen.

2. Arbeitsfläche mit 10 g Mehl bestäuben, Teig darauf in 12 Teile teilen und zu Kugeln formen. Eine Auflaufform (ca. 20 x 30 cm) mit Öl bepinseln, Teigkugeln mit etwas Abstand hineinsetzen und abgedeckt weitere ca. 30 Minuten gehen lassen.

3. Backofen auf 180° C (Gas: Stufe 2, Umluft: 160° C) vorheizen. 40 g Mehl mit restlichem Zucker und restlichem Wasser verrühren und in einen Spritzbeutel mit sehr kleiner Lochtülle füllen. Kreuze auf die Teigkugeln spritzen und im Backofen auf mittlerer Schiene ca. 20 Minuten backen. Aprikosenkonfitüre glattrühren und Hot Cross Buns damit bestreichen. Guten Appetit!

Pro Portion: 218 kcal, 6 g EW, 43 g KH, 2 g F, 3 g BST

Schwarzbrot mit Sonnenblumenkernen

Zubereitungszeit **10 Min.**
Backzeit **90 Min.**
Gehzeit **60 Min.**
Für **20 Scheiben**

3

200 g Roggenkörner
300 g Dinkelkörner
1 Würfel Hefe
350 g Buttermilch
65 g Zuckerrübensirup
100 g Weizenmehl
25 g Sonnenblumenkerne
2 TL Salz

1. Roggenkörner in den Mixtopf geben, **30 Sek./Stufe 10** mahlen und umfüllen. Dinkelkörner in den Mixtopf geben, **30 Sek./Stufe 10** mahlen und umfüllen. Hefe, Buttermilch und Zuckerrübensirup in den Mixtopf geben und **3 Min./37° C/Stufe 2** erwärmen.

2. Roggen-, Dinkel- und Weizenmehl mit 15 g Sonnenblumenkernen und Salz dazugeben und **3 Min./Teigknetstufe** kneten. Teig in eine mit Backpapier ausgelegte Kastenform (Länge ca. 30 cm) geben, glatt verstreichen und abgedeckt an einem warmen Ort ca. 60 Minuten gehen lassen.

3. Backofen auf 160° C (Gas: Stufe 1, Umluft: 140° C) vorheizen. Brot mit restlichen Sonnenblumenkernen bestreuen, leicht andrücken und im Backofen auf unterer Schiene ca. 90 Minuten backen. Schwarzbrot abkühlen lassen, in Scheiben schneiden und servieren.

Pro Portion: 126 kcal, 5 g EW, 23 g KH, 1 g F, 3 g BST

Kürbis-Käse-Brötchen

Zubereitungszeit **20 Min.**
Garzeit **30 Min.**
Gehzeit **60 Min.**
Für **8 Stück**

5

150 g Butternutkürbis-fruchtfleisch
165 g Wasser
1 Päckchen Trockenhefe
1 TL Honig
320 g Mehl
1 TL Salz
je 1 Msp. geriebene Muskatnuss, Zimt und gemahlener Piment
20 g Kürbiskerne
30 g geriebener Cheddar, 50 % Fett i. Tr.

1. Kürbis in Stücke schneiden, in den Mixtopf geben, **5 Sek./Stufe 5** zerkleinern und mit dem Spatel nach unten schieben. 60 g Wasser dazugeben, anstelle des Messbechers Spritzschutz auf den Mixtopfdeckel legen und **10 Min./100° C/Stufe 1** garen. Kürbis **8 Sek./Stufe 6** pürieren, umfüllen und kurz abkühlen lassen.

2. Hefe, Honig, 100 g Wasser, 310 g Mehl, Salz, Muskatnuss, Zimt, Piment, 10 g Kürbiskerne und Kürbispüree in den Mixtopf geben **2 Min./Teigknetstufe** kneten. Teig in eine Schüssel geben und abgedeckt an einem warmen Ort ca. 50 Minuten gehen lassen.

3. Arbeitsfläche mit restlichem Mehl bestäuben, Teig darauf in 8 Teile teilen und zu Brötchen formen. Brötchen auf ein mit Backpapier ausgelegtes Backblech legen, mit restlichem Wasser bestreichen, mit Käse und restlichen Kürbiskernen bestreuen und ca. 10 Minuten gehen lassen.

4. Backofen auf 180° C (Gas: Stufe 2, Umluft: 160° C) vorheizen. Kürbis-Käse-Brötchen im Backofen auf mittlerer Schiene ca. 20 Minuten backen und servieren.

Pro Portion: 180 kcal, 7 g EW, 31 g KH, 3 g F, 3 g BST

Einfach ausgetauscht

Die Kürbissorte und den Käse kannst du beliebig variieren – probiere es doch mal mit Hokkaido und Bergkäse. Lecker! Die Punkte verändern sich nicht.

Vollkorn-Buttermilch-Brot

Zubereitungszeit **15 Min.**
Backzeit **35 Min.**
Für **14 Scheiben**

3

210 g Vollkornmehl
200 g Weizenmehl
1 Päckchen Backpulver
60 g kernige Haferflocken
1 TL Salz
1 EL brauner Zucker
320 g Buttermilch
1 TL Rapsöl
1 TL Wasser

1. Backofen samt ofenfestem Topf (Ø 20 cm) auf 200° C (Gas: Stufe 3, Umluft: 180° C) vorheizen. 200 g Vollkornmehl, Weizenmehl, Backpulver, 50 g Haferflocken, Salz, Zucker und Buttermilch in den Mixtopf geben und **1 Min./ Teigknetstufe** kneten. Arbeitsfläche mit restlichem Mehl bestäuben, Teig darauf zu einem runden Laib formen und mit einem Kochlöffelstiel ein Kreuz in die Oberseite des Laibes drücken.

2. Den heißen Topf mit Öl bepinseln, Laib hineinlegen, mit Wasser bestreichen, mit restlichen Haferflocken bestreuen und mit Deckel im Backofen auf mittlerer Schiene ca. 25 Minuten backen. Deckel entfernen und weitere ca. 10 Minuten backen. Vollkorn-Buttermilch-Brot kurz im Topf abkühlen lassen, herausnehmen, vollständig abkühlen lassen, in Scheiben schneiden und servieren.

Pro Portion: 130 kcal, 5 g EW, 24 g KH, 1 g F, 3 g BST

Kartoffel-Maismehl-Brot

Zubereitungszeit **15 Min.**
Backzeit **75 Min.**
Kühlzeit **30 Min.**
Gehzeit **30 Min.**
Für **16 Scheiben**

2

200 g festkochende Kartoffeln
750 g Wasser
2 TL Salz
250 g Maismehl
130 g Buchweizenmehl
1/2 Würfel Hefe
1 Prise Zucker

1. Kartoffeln schälen, vierteln und in den Gareinsatz geben. 500 g Wasser und 1 TL Salz in den Mixtopf geben, Gareinsatz einhängen und **30 Min./Varoma/Stufe 1** garen. Gareinsatz mithilfe des Spatels herausnehmen und Kartoffeln ca. 30 Minuten abkühlen lassen. Mixtopf ausspülen.

2. Kartoffeln in den Mixtopf geben und **4 Sek./Stufe 4** zerkleinern. Mehle, Hefe, Zucker, restliches Wasser und Salz dazugeben und **3 Min./Teigknetstufe** kneten. Teig in eine mit Backpapier ausgelegte Springform (Ø 22 cm) geben und abgedeckt an einem warmen Ort ca. 30 Minuten gehen lassen.

3. Backofen auf 200° C (Gas: Stufe 3, Umluft: 180° C) vorheizen. Kartoffel-Maismehl-Brot im Backofen auf unterer Schiene 40–45 Minuten backen, abkühlen lassen, in Scheiben schneiden und servieren.

Pro Portion: 92 kcal, 3 g EW, 19 g KH, 0,5 g F, 2 g BST

Fluffiges Joghurtbrot

Zubereitungszeit **10 Min.**
Backzeit **40 Min.**
Für **20 Scheiben**

2

300 g Magermilchjoghurt
2 Eier (Größe M)
40 g Halbfettmargarine
170 g Dinkelvollkornmehl
200 g Weizenmehl
1 Päckchen Backpulver
1 TL Salz
1 EL kernige Haferflocken

1. Backofen auf 200° C (Gas: Stufe 3, Umluft: 180° C) vorheizen. Joghurt, Eier und 30 g Margarine in den Mixtopf geben und **30 Sek./Stufe 4** verrühren. Mehle, Backpulver und Salz dazugeben und **3 Min./Teigknetstufe** kneten.

2. Eine Kastenform (Länge ca. 30 cm) mit restlicher Margarine fetten, Teig hineingeben, glatt verstreichen und mit Haferflocken bestreuen. Joghurtbrot im Backofen auf mittlerer Schiene 35–40 Minuten backen und servieren.

Pro Portion: 89 kcal, 4 g EW, 14 g KH, 2 g F, 1 g BST

Kleine Laugen-Mohn-Baguettes

Zubereitungszeit **15 Min.**
Backzeit **25 Min.**
Gehzeit **60 Min.**
Für **4 Stück**

9

15 g Mohn
320 g Mehl
1/2 Würfel Hefe
1 Prise Zucker
1180 g Wasser
10 g Olivenöl
2 TL Salz
2 TL Natron

1. 1 TL Mohn beiseitestellen, restlichen Mohn mit 310 g Mehl, Hefe, Zucker, 180 g Wasser, Öl und 1 TL Salz in den Mixtopf geben und **2 Min./Teigknetstufe** kneten. Teig in eine Schüssel geben und abgedeckt an einem warmen Ort ca. 45 Minuten gehen lassen.

2. Arbeitsfläche mit restlichem Mehl bestäuben, Teig darauf in 4 Teile teilen und jeweils zu kleinen Baguettes (Länge ca. 20 cm) formen. Restliches Wasser mit Natron und restlichem Salz in einem Topf auf hoher Stufe aufkochen und auf niedriger Stufe warmhalten. Baguettes in eine Auflaufform legen, Natronwasser darübergießen und ca. 30 Sekunden ziehen lassen.

3. Baguettes herausnehmen, auf ein mit Backpapier ausgelegtes Backblech legen, mehrfach schräg einschneiden, mit restlichem Mohn bestreuen und weitere ca. 15 Minuten gehen lassen. Backofen auf 200° C (Gas: Stufe 3, Umluft: 180° C) vorheizen. Laugen-Mohn-Baguettes im Backofen auf mittlerer Schiene 20–25 Minuten backen und servieren.

Pro Portion: 320 kcal, 10 g EW, 57 g KH, 5 g F, 5 g BST

Schnelles Knusperbrot

Zubereitungszeit **15 Min.**
Garzeit **10 Min.**
Gehzeit **30 Min.**
Für **8 Stück**

160 g Mehl
75 g Weichweizengrieß
150 g Wasser
3 EL Olivenöl
3 Zweige Rosmarin
1 TL Meersalz

1. 150 g Mehl, Grieß und Wasser in den Mixtopf geben und **2 Min./Teigknetstufe** kneten. Eine Schüssel mit 1/2 EL Öl fetten, Teig hineingeben und abgedeckt ca. 30 Minuten gehen lassen. Rosmarin waschen, trocken schütteln und hacken.

2. Backofen auf 220° C Umluft (Ober-/Unterhitze nicht empfehlenswert) vorheizen. Arbeitsfläche mit restlichem Mehl bestäuben, Teig darauf kurz durchkneten, in 8 Teile teilen und rund ausrollen. Teigkreise mit restlichem Öl bepinseln und mit Rosmarin und Salz bestreuen.

3. 4 Teige auf zwei mit Backpapier ausgelegten Backblechen verteilen, im Backofen auf oberer und unterer Schiene 5-6 Minuten backen, herausnehmen und abkühlen lassen. Restliche Teige auf den Backblechen verteilen und auf oberer und unterer Schiene 5-6 Minuten backen. Knusperbrot genießen.

Pro Portion: 148 kcal, 3 g EW, 21 g KH, 6 g F, 1 g BST

4-Zutaten-Bagels

Zubereitungszeit **15 Min.**
Backzeit **25 Min.**

5

Für **6 Stück**

Pro Portion: 211 kcal, 9 g EW, 39 g KH, 2 g F, 2 g BST

1. Backofen auf 180° C (Gas: Stufe 2, Umluft: 160° C) vorheizen. 300 g Mehl, 1 TL Backpulver, 1/2 TL Salz und 240 g Magermilchjoghurt in den Mixtopf geben und **2 Min./Teigknetstufe** kneten. Arbeitsfläche mit 10 g Mehl bestäuben, Teig darauf in 6 Stücke teilen und zu ca. 20 cm langen Rollen formen.

2. Teigrollen zu Ringen formen und auf ein mit Backpapier ausgelegtes Backblech legen. 1 Ei (Größe M) verquirlen, Bagels damit bestreichen und im Backofen auf mittlerer Schiene ca. 25 Minuten backen. Bagels servieren.

Zimt-Bagels

Zubereitungszeit **15 Min.**
Backzeit **25 Min.**

6

Für **6 Stück**

Pro Portion: 221 kcal, 9 g EW, 41 g KH, 2 g F, 2 g BST

1. Backofen auf 180° C (Gas: Stufe 2, Umluft: 160° C) vorheizen. 300 g Mehl, 1 TL Backpulver, 1 TL Zimt, 1/2 TL Salz und 240 g Magermilchjoghurt in den Mixtopf geben und **2 Min./Teigknetstufe** kneten. Arbeitsfläche mit 10 g Mehl bestäuben, Teig darauf in 6 Stücke teilen und zu ca. 20 cm langen Rollen formen.

2. Teigrollen zu Ringen formen und auf ein mit Backpapier ausgelegtes Backblech legen. 1 Ei (Größe M) verquirlen, Bagels damit bestreichen, mit 1 EL braunem Zucker bestreuen und im Backofen auf mittlerer Schiene ca. 25 Minuten backen. Bagels servieren.

Kürbiskern-Bagels

Zubereitungszeit **15 Min.**
Backzeit **25 Min.**

5

Für **6 Stück**

Pro Portion: 225 kcal, 10 g EW, 39 g KH, 3 g F, 2 g BST

1. Backofen auf 180° C (Gas: Stufe 2, Umluft: 160° C) vorheizen. 10 g Kürbiskerne in den Mixtopf geben und **3 Sek./Stufe 6** zerkleinern. 300 g Mehl, 1 TL Backpulver, 1/2 TL Salz und 240 g Magermilchjoghurt in den Mixtopf geben und **2 Min./Teigknetstufe** kneten. Arbeitsfläche mit 10 g Mehl bestäuben, Teig darauf in 6 Stücke teilen und zu ca. 20 cm langen Rollen formen.

2. Teigrollen zu Ringen formen und auf ein mit Backpapier ausgelegtes Backblech legen. 1 Ei (Größe M) verquirlen, Bagels damit bestreichen, mit 5 g Kürbiskernen bestreuen und im Backofen auf mittlerer Schiene ca. 25 Minuten backen. Bagels servieren.

Titelrezept

WW MITGLIED
AMANDA C.

Register nach Alphabet

L

M

P

R

S

T

V

W

Z

Register nach Zutaten und Stichworten

Beeren

Brownies & Muffins

Fleisch & Schinken

Glutenfrei

Kekse, Riegel & Scones

Nüsse & Kerne

Schokolade

Vegan

Vegetarisch

vegetarisch vegan

glutenfrei laktosefrei nussfrei

Die Kennzeichnung wie zum Beispiel „gluten-“, „laktose-“ oder „nussfrei“ bei den Rezepten ist rein informativ und nicht verbindlich. Es liegt in der persönlichen Verantwortung zu prüfen, ob die verwendeten Lebensmittel die Anforderungen erfüllen.

Impressum

Herausgeber & Redaktion
WW (Deutschland) GmbH
Claudia Braun, Amelie Epping

Rezepte & Realisierung
Geschmackswerk UG
Nathalie Döscher, Silke Höpker

Fotografie & Styling
Carsten Eichner, Christine Mähler,
WW International

Foodstyling
Marion Swoboda, WW International

Bildnachweise
WW International

Gestaltungskonzept & Grafik
Geschmackswerk UG, Petra Penker

Druck
paffrath print & medien GmbH

WW (Deutschland) GmbH
ww.com
Info-Hotline 0211-36874236
SKU: 402437
ISBN: 978-3-9824372-2-4

1. Auflage 2022